喵懂中国典籍

数学卷

明知 Yu Zhi　文字撰写　王宸　叶金辔
编　　制　星球地图出版社

星球地图出版社 STAR MAP PRESS
国 家 一 级 出 版 社
全国百佳图书出版单位

图书在版编目（CIP）数据

喵懂中国典籍．数学卷 / 王宸，叶金譥撰．-- 北京：星球地图出版社，2025．-- ISBN 978－7－5471－3008－7

Ⅰ．Z422-49

中国国家版本馆 CIP 数据核字第 2024JU5848 号

责任编辑 张　越 高　帅
图书编辑 高　帅
排版设计 樊羽菲 高　芳
文字撰写 王　宸 叶金譥
封面设计 王　静
插画绘制 谢步平 王少波 程建新 支少卿 潘艺晶 周　磊
出版审订 郝　刚 左　伟

喵懂中国典籍（数学卷）

出版发行 星球地图出版社
地址邮编 北京市海淀区北三环中路 69 号 100088
网　　址 www.starmap.com.cn
印　　刷 北京印刷集团有限责任公司
经　　销 新华书店
开　　本 285 毫米 ×285 毫米 12 开
版　　次 2025 年 3 月第 1 版
印　　次 2025 年 3 月第 1 次印刷
定　　价 199.00 元（全 7 卷）

联系电话：010-82028269（发行）、010-62272347（编辑）

目录

九章算术

来看这样一道应用题：

“甲走路快，乙走路慢。甲走 100 步的时间里，乙只能走 60 步。让乙先走 100 步，甲去追，要用几步才能追上？”

这是中小学数学当中典型的追及问题，出处是中国现存最早的一部数学著作《九章算术》。今天的做题思路有好几种，我们先来看看《九章算术》里的解法：

用甲的 100 步，减乙的 60 步，差是 40 步。

再用甲的 100 步，乘乙先走的 100 步，积是 10000 步。

10000 ÷ 40 = 250，搞定。和你想的一样吗？

《九章算术》就是这样一本“习题集”，里面有 246 道应用题，还自带解题步骤和答案。虽然其中很多解法直译过来，不合现在的做题思路，像是生凑的，但这些解法得出的答案绝大多数是对的。这是因为，《九章算术》是一本方便大家在生活中解决问题的书。它提炼出了很多“套路”，古人得到这些“套路”时，多半有理有据，然而却在应用中将它们固定成了看似难以直接理解的模样。

它大约成书于公元 1 世纪下半叶，将战国秦汉时期的数学成就“一网打尽”。

书里面的知识点生命力真够顽强，两千年了，依然活跃在中小学课堂上。

“九章”就是九大类问题的意思，分别是——

第一章，方田：怎么计算平面几何图形的面积，包括矩形、三角形、梯形、圆形、扇形、弓形、圆环……

第二章，粟米：怎么将一种谷物按比例折算成另一种。

第三章，衰（cuī）分：也是比例计算，怎么按等级分配物资或摊派赋税。

第四章，少广：已知面积或体积，反求其一边长或径长。还介绍了怎么开平方、开立方。

第五章，商功：关于土石方和用工量的工程数学问题，给出了各种立体图形的体积计算公式。

第六章，均输：也是比例计算，怎么根据人口多少、路程远近、物价高低之类的条件，摊派赋税和劳役。

第七章，盈不足：用两次假设来解决某些难题（比如说，“几个人一起买东西，每人出 9 块就多 11 块，每人出 6 块就差 16 块，人数和物价各是多少？”）的算法，现在通常叫“双设法”。

第八章，方程：我们现在说的“方程”，指含有未知数的等式。而它在这里的意思是，包含多个未知量的联立一次方程组，也就是线性方程组。

第九章，勾股：可以用勾股定理解决的各种问题。

勾股定理是怎么回事？

直角三角形的两条直角边（古时候叫勾和股）长的平方和等于斜边（古时候叫弦）长的平方，最有名的例子是“勾三股四弦五”。

公元前 6 世纪，古希腊的毕达哥拉斯学派首先证明了它。而在中国，它最早“露脸”是在大约公元前 1 世纪成书的《周髀（bì）算经》里，据说是西周数学家商高给出的，然而没有证明。

通过上面这些，是不是能看出中国古代数学的特点！

如非常重视应用，以计算为中心，没什么“不接地气”的玄乎东西，几乎都是日常能碰到的：田地面积、收税、土木工程、做生意……

西方数学更看重演绎（yì），也就是由整体到个体，基于一个正确的假设，通过严格的逻辑推理得出结论。具体怎么操作，后面介绍《几何原本》时会提到。

而中国古代数学更看重归纳，也就是由个体到整体，收集一大堆案例，分析以后得出普遍规律。

这样的话，做题其实可以很“程序化”！

实际需求就那么些，万变不离其宗，几乎都能套进已经建立的数学模型，用现成的算法求解。

既然数学能派上这么大用场，要是学得好，成了“专业技术人才”，就有机会当官。

隋唐时期，最高学府国子监里不光教儒家经典，还开设了算学，招收八品以下文武官的儿子，和有一定基础的平民子弟。

他们用的教材是“算经十书”。

除了《周髀（bì）算经》和《九章算术》，还有哪八本？

《孙子算经》，成书于东汉三国（也可能晚到南北朝），曾经失传，现在看到的版本是清朝学者戴震自《永乐大典》里一条条辑出来的。

《海岛算经》，成书于三国时期，作者是曹魏数学家刘徽。

《缀术》，是中国自汉魏至隋唐水平最高的数学著作，下一篇里会展开介绍。

《张丘建算经》，大约成书于北魏。

《夏侯阳算经》，有学者认为成书早于《张丘建算经》，已经失传了，北宋重刻“算经十书”时，拿了隋唐时期韩延的另一部书充数。

《五经算术》，据说成书于北周，作者是甄鸾，将儒家“五经”正文和注解里的历法、乐律、数学知识整理到一起，没有例题，不是严格意义上的算术书。

《五曹算经》，作者姓名和年代都不清楚。“曹”是古时候分科办事的官署，它大概是给“基层公务员”写的应用数学手册。

《缉古算经》，作者是唐朝数学家王孝通。

这些书名你可能挺陌生，但是其中的题目你没准已经做过了！

比如说，《孙子算经》里的“鸡兔同笼”——

“今有雉（zhì，野鸡）兔同笼，上有三十五头，下有九十四足，问雉兔各几何？”

可以设鸡有 x 只，兔子有 y 只，列个二元一次方程组：

$$\begin{cases} x + y = 35 \\ 2x + 4y = 94 \end{cases}$$

然后得出，鸡有 23 只，兔子有 12 只。

古人的算法更简单！这也是今天小学不列方程的解法。

让兔子全站起来，和鸡一样用两只脚着地。这样 35 个头对应 70 只脚，多出来的 24 只脚全是兔子的，除以 2 可以知道兔子有 12 只，再用 35 一减，就求出了鸡的数量。

或者让鸡抬起一只脚，兔子抬起两只脚，笼子里的脚就会少一半，成了 47 只。这样的话，鸡是一个头一只脚，兔子是一个头两只脚，脚比头多出来 12 只，就是兔子的数量。

《孙子算经》里的著名题目不止一道！再比如说——

“有物不知其数，三三数之余二，五五数之余三，七七数之余二。问物几何？”

也就是说，一个数，被 3 除，余数是 2；被 5 除，余数是 3；被 7 除，余数是 2。求它的大小？

它也叫“韩信点兵”，笨办法是将这个数写成 3a+2、5b+3、7c+2，然后分别把 a，b，c = 1，2，3，4，5，6……代进去，一个个试，找重复的答案，算出最小是 23。

古人给出的“标准答案”又是怎样呢？

先算出 3、5、7 的最小公倍数 105，分别除以 3、5、7，得到 35、21、15。

三三数之余二，取数 70，乘以余数 2，等于 140。

五五数之余三，取数 21，乘以余数 3，等于 63。

七七数之余二，取数 15，乘以余数 2，等于 30。

把三个结果相加，再减去 105 的倍数，就能得到，符合条件的最小值是 23。

《张丘建算经》里的“百鸡问题”，后世有很多数学家研究！

“今有鸡翁（公鸡）一，值钱五；鸡母一，值钱三；鸡雏（小鸡）三，值钱一。凡百钱买鸡百只，问鸡翁、母、雏各几何？”

它没有给出解题过程，只是说，如果少买 7 只母鸡，就能多买 4 只公鸡和 3 只小鸡。所以答案不止一组——

0、25、75

4、18、78

8、11、81

12、4、84

这其实是求三元一次不定方程组的整数解，设公鸡、母鸡、小鸡分别有 x、y、z 只，就能列出下面的等式：

$$\begin{cases}5x + 3y + z/3 = 100 \\ x + y + z = 100\end{cases}$$

消元以后，相当于 $7x + 4y - 100 = 0$，改写一下就是 $\frac{7}{4}x + y = 25$

x、y、z 都必须是正整数或 0（活鸡显然不能买半只），而且 $x < 20$（还必须是 4 的倍数），$y < 33$。因为如果用百钱全买公鸡，能买 20 只；全买母鸡，能买 33 只。在这范围内挨个代进去算，答案和上面是一样的。

《九章算术》里的“老鼠打洞”也很有意思——

“今有垣（yuán，墙壁）厚五尺，两鼠对穿。大鼠日一尺，小鼠亦一尺。大鼠日自倍（每天的打洞速度是前一天的两倍），小鼠日自半（每天的打洞速度是前一天的一半）。问：何日相逢？各穿几何？”

第一天，大鼠和小鼠都打了 1 尺，共 2 尺，还剩 3 尺。

第二天，大鼠打了 2 尺，小鼠打了 0.5 尺，共 2.5 尺，还剩 0.5 尺。

第三天，照理说大鼠能打 4 尺，小鼠能打 0.25 尺，超过 0.5 尺，所以它们会相逢。

设碰面时大鼠打了 x 尺，那么小鼠打了（0.5−x）尺，而且打洞时间（距离除以速度）相等：

$x \div 4 = (0.5-x) \div 0.25$

可以求得，$x = 8/17$。

所以第三天，大鼠打了 8/17 尺，小鼠打了 1/34 尺。
加上前两天它们各自的进度，就是答案。

古人没有计算器，是用什么帮忙做数学题的？

别瞧不起这一根根同样长短、粗细的小棍子，它们叫“算筹”，在算盘普及（或许要到宋元时期）之前，可立下了大功。

一套算筹有几十甚至几百根，大多是用竹子做的，木头、兽骨、象牙、金属之类也可以。

用算筹表示数，有纵横两种方式。

在纵式中，竖着摆的每根都代表1，要是碰到6、7、8、9，就在上面横着摆一根，代表5；在横式中正好反过来。

表示多位数的话，就自左向右将各位数横着排开，需要纵横相间，个位、百位、万位用纵式，十位、千位、十万位就用横式。如果哪位是0，就空着，不放算筹。

靠算筹做题，叫筹算。它有一套规则和口诀，不光能做加减乘除四则运算，还能乘方、开方，甚至解多元高次方程。

春秋战国时期，筹算就比较成熟了，“运筹帷幄”“筹谋”“筹划”这些词都和它有关。

在《九章算术》里，方程之所以叫方程，源于能用算筹表示各未知量的系数和常数项，排成类似矩阵的方形，解法和现在的加减消元法道理差不多。那时候，未知数还没有专门的记法。

《九章算术》里还提到了负数（表示支出或欠债），而且告诉我们正负数的加减法要怎么做：

同号（同样的符号）两数相减，等于绝对值相减；异号两数相减，等于绝对值相加；0 减负数的结果是正数。

同号两数相加，等于绝对值相加；异号两数相加，等于绝对值相减；0 加负数的结果是负数。

刘徽在《九章算术注》里规定，正数用红色算筹，负数用黑色算筹。要是只有一种颜色的算筹，表示正数时就正放，表示负数时就斜放。

7 世纪时，印度人才开始使用负数。在欧洲，16 世纪人们对负数就有了了解，然而由于思想观念的缘故，直到 17 世纪，还有不少数学家觉得负数是荒唐的东西。

《九章算术》也是世界上最早系统叙述分数运算的著作，在加减乘除时可能用到通分、约分、化带分数为假分数等等，步骤和现在基本一样。

它里面的“今有术”“衰分术”和应用，构成了整套比例理论——包括正比例和反比例、比例分配、复比例、连锁比例等等。直到15世纪末，欧洲才在印度“三率法”（成比例的四个数，已知三个，求另一个）的基础上形成了类似的方法，很受生意人重视，被誉为“黄金法则”。

不过，筹算和后来的珠算有个大问题！

运算过程实际上就是挪动算筹或拨拉算盘珠，所以没法一步步保留，虽说又快捷又能节省草稿纸，然而出了错不好检查，学习起来也很困难。抽象化的数学语言在中国一直没能充分发展，就和这个原因有关。

《九章算术》确定了中国古代数学的框架，还是许多人的入门教材。后来的著作，基本跳不出这两种形式——
一是给它作注，不过会自己发挥，加些新东西。
二是按照它的体例来，先是“问”，再是“答”，最后是“术”（解题步骤）。
前面提到的《海岛算经》，原先是《九章算术注》的一部分；《缉古算经》是在《九章算术》第五章基础上写成的。
哪怕到了明清，西方数学传入中国，大家编书时，还常常把这些新奇知识整合进《九章算术》的体系。
《九章算术》的作者到底是谁，没人知道。然而，研究过它的“大神”可真不少！
西汉时期，丞相北平侯张苍、精通理财的大司农中丞耿寿昌都给它作了注。
在东汉，它是太学的课本，科学家张衡、整理补完《汉书》的班昭、经学大师马融和郑玄也在上面下了不少功夫。
儒家可不是纯粹的“文科”，“六艺”中就包括“数”！

最厉害的要数刘徽！

原先《九章算术》没有任何数学概念的定义，也没有任何推导和证明。直到他来作注，“短板”才补上。

刘徽把整本书的知识点清晰地梳理了一遍，纠正了个别错误，给出了更加简单高效的解题思路，还证明了“术”里提供的运算法则是可靠的。

《九章算术》里的题目看似“东一榔头西一棒槌”，该怎么串起来？

刘徽找到了一个概念“率”，说它是数学运算的“纲纪”。

它的本意是规格、法度，而刘徽下的定义是：“凡数相与者谓之率”。用今天的话来说，一组变量，如果它们相关，就叫率。

率是“两数相抱而已”（有着固定的比例关系），“细则俱细，粗则俱粗”（如果小就一起减小，大就一起增大）。所以刘徽说，关于率，有三种等量变换，都是从分数运算抽象出来的——乘以散之（分子和分母乘以同一个数，结果不变）、约以聚之（类似约分）、齐同以通之（类似通分）。

粟米、衰分、均输这三章的问题可以直接用率解决，其他章（特别是方田、方程）里的计算也离不开它。

刘徽说，他的数学知识就像大树，看上去有很多枝杈，却共享一个主干——规矩度量（也就是空间形式和数量关系）的统一。这在中国数学思想史上是了不起的进步：意味着开始系统理解、钻研数学这门学科了。

中国古代数学的一大特点，就是几何跟代数不分家。看，刘徽是怎么证明勾股定理的？

他的方法是“出入相补”（一个几何图形被分割成若干部分后，面积或体积的总和保持不变，所以能够通过切割、重组，解决问题），可惜写得太笼统了。后来学者说，用图形来体现，可能是这样的：

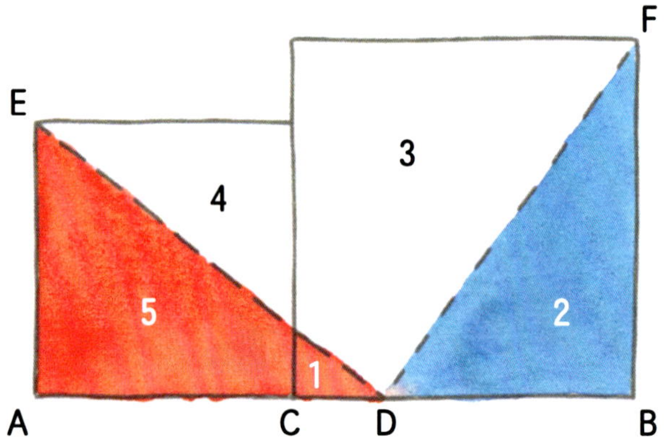

AC 是勾，BC 是股，各画一个正方形，体现平方。

在 AB 上取一点 D，让 DB=AC，连接 DF、DE，把两个正方形切成五块。

这样重组以后，出现了一个大正方形，面积等于重组前两个正方形之和。而它的边 DF、DE，都是原先直角三角形的弦。

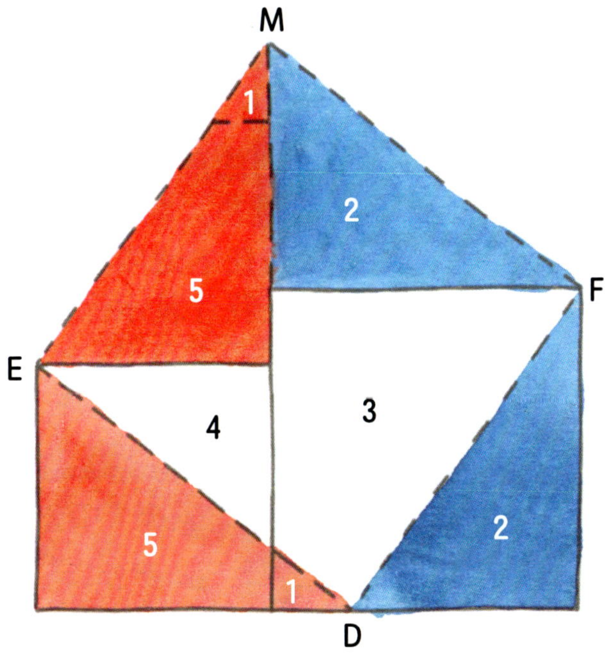

很了不起的一点是，证明过程中，刘徽用的几乎都是演绎推理，逻辑相当严密。

当时的学术主流是给古籍作注，所以他虽说完全有能力照自己的思路写一本新书，却没有这么办。这限制了他才华的发挥、对后世的影响，不得不说是个遗憾。

《九章算术》很早就走出了国门！

隋唐时期，它传入朝鲜半岛和日本，同样被当成官学的教材。

古印度有个“莲花问题”，实际上就是《九章算术》里的这道应用题——

“今有池方一丈，葭（jiā，芦苇）生其中央，出水一尺，引葭赴岸（将芦苇拉到池边中点处），始与岸齐，问水深、葭长各几何？”

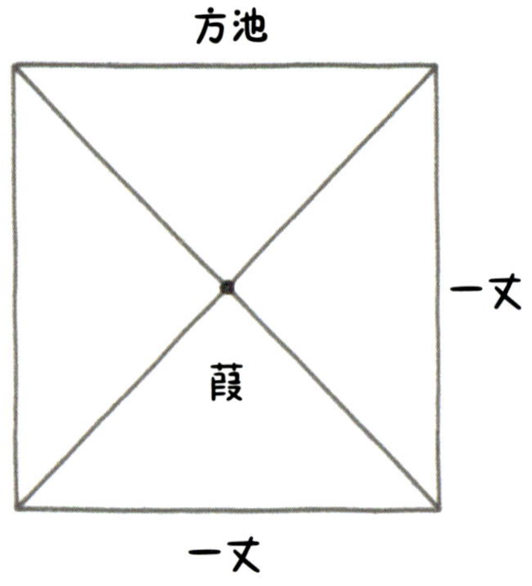

（俯视图）

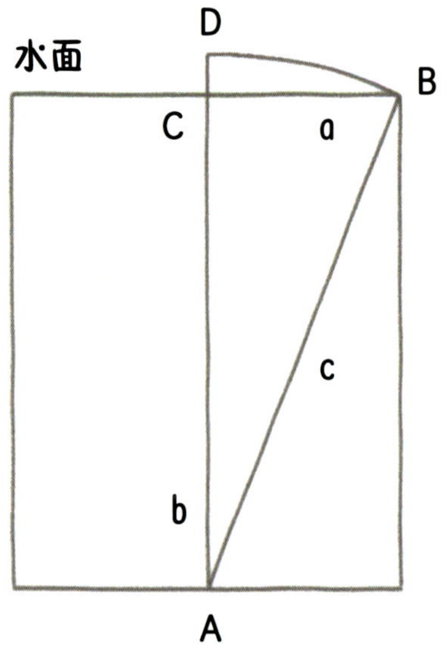

（侧视图）

一丈等于十尺，BC=5，AD 和 AB 都是葭的长度，CD（芦苇出水的部分）=1，设水深（AC）有 x 尺，根据勾股定理 $5^2+x^2=(x+1)^2$，整理以后就是 $2x=5^2-1^2$，所以 x=12，其他长度可以跟着求出来。

“百鸡问题”有很多换汤不换药的变体，像一百个和尚吃一百个馒头、一百钱买一百只禽鸟（鸭、鸡、雀）。古印度和阿拉伯算术书里也出现了这类题目，不过要晚几百甚至一千余年。

沿着“丝绸之路”，好玩的应用题可能会被当成“脑筋急转弯”之类，四处传播。然而，做题方法是扎根于整个数学体系的，没那么容易扩散。哪里都不缺聪明人，会靠熟悉的路子，破解陌生的难题。

缀术（失传）

《缀术》是祖冲之、祖暅（gèng）父子的著作，其中的重要内容，是圆周率。

圆周率是数学中的重要常数之一，表示圆周长与直径的比值，用希腊字母 π 表示。要想精确计算圆周长、圆面积、球体积等等，都离不开它。

它是个无理数，也就是说，小数点后面有无数位，而且找不到任何规律，不能写作两整数之比。所以，挺多人用背圆周率来锻炼（或者显摆）记忆力。

现在我们可以查到，π = 3.1415926535897932384626……

所以，每年 3 月 14 日是“圆周率日”，有心情的话可以吃个派庆祝一下。

求出这么串数字，足足用了几千年，每推进一步，都不知要燃烧多少灵感，下多少功夫。

赵爽（生活在东汉末年到三国时期，吴国人）在给《周髀算经》的注里说，“圆径一而周三”，意思是 π = 3。

这实在太粗略，应用到日常生活当中，做个对精密程度要求不高的东西（像大圆桌）还好，再细致的活儿就不够用了。

张衡推算出 $\frac{\pi^2}{16}\approx\frac{5}{8}$，即 $\pi\approx\sqrt{10}$，差不多是 3.162。这个值不大准确，可见当时并没有找到靠谱的路子。

搞出突破性进展的，是我们的老朋友刘徽！

他的方法是“割圆术”——

从圆的内接正六边形开始，逐次分割，得到 $6\cdot2^{n-1}(n=1,2\cdots)$ 边形，然后求出它们的面积。

那些数字都比圆面积小，不过刘徽说，“割之弥细，所失弥少。割之又割，以至于不可割，则与圆周合体而无所失矣。”（圆内接正多边形的边数无限增多时，它周长的极限是圆的周长，它面积的极限是圆的面积）

这是中国数学史上，第一次把极限思想用于数学证明。

他计算了圆内接正 192 边形的面积，得出 $\pi=3.14$。

王莽建立新朝以后，改革度量衡，用青铜制作了“嘉量”，当成标准器。它被珍藏在晋朝的武库里，测量直径和容积以后，刘徽发现 3.14 偏小，于是接着计算圆内接正 3072 边形的面积，终于得出了满意的圆周率——

$\frac{3927}{1250}\approx3.1416$。

为了纪念刘徽，他求出的圆周率就叫“徽率”。

刘徽开了个好头，所以在计算圆周率上，中国才能长期领先。

到了南北朝，祖冲之推算出，3.1415926 < π < 3.1415927。他还给了两个近似分数值：密率 355/113 和约率 22/7，平日用起来方便。

祖冲之是怎么求出这个结果的，史书并没有记载，不过很可能也用了“割圆术”，足足算到圆内接正 24576 边形。

这样的话，他要从 9 位数字算起，反复进行各种运算 130 次以上（包括加减乘除和开方）。

筹算过程中，一步错了，搞不好就得全部重来。简直不敢想象，要多细心，多有毅力，才能做完这道“难题”。

祖冲之的纪录保持了差不多一千年，1424 年才被阿拉伯数学家阿尔·卡西（Jamshīd al-Kāshī）打破。他的方法和古希腊数学家阿基米德（Archimedes）一脉相承，求圆内接和外切正多边形的周长，这两个数的平均值就是圆周长的近似值，推算出 π = 3.14159265358979325。

在西方，直到 1573 年，德意志数学家瓦伦提努斯·奥托（Valentinus Otho）才推算出，π ≈ 355/113。

祖冲之何许人也？

他字文远，南朝宋文帝元嘉六年（429 年）出生。

范阳祖氏称得上“科学世家”，他爷爷祖昌曾经担任大匠卿（负责土木工程的高官），父亲祖朔之当过奉朝请（负责顾问对策、讽喻得失、奏闻文书等工作），学问也很不错。

祖冲之从小就“专攻数书，搜炼古今”，几乎读遍了能找到的数学和天文学著作。然而，他可不是前人说什么就信什么！经常会“亲量圭（guī，测日影的器具）尺，躬察仪漏（漏壶，算时间用的），目尽毫厘，心穷筹策”，要是实际数据跟书上不一样，就会寻根究底，搞清楚为什么。

他给《九章算术》也作过注，在此基础上写了一部《缀术》。

《隋书·律历志》对祖冲之评价非常高，说他“指要精密，算氏之最者也”，也就是说，在数学家当中，他出类拔萃。可惜的是，《缀术》实在太难了，“学官莫能究其深奥，是故废而不理”，早早失传。

《缀术》讲的大概是什么？

不光包括圆周率，还有“开差幂（mì）”和“开差立”——很可能是求解二次、三次方程（系数或许有正有负）的问题。祖冲之的儿子祖暅（gèng），字景烁，也是了不起的数学家，《缀术》可能是父子俩合力完成的。

他们在前人工作的基础上，推导出了球体积计算公式。

《九章算术》里提到了“开立圆术”——外切圆柱体与球体积之比，等于正方形与其内切圆之比。于是得到公式：

$V_{球}=\frac{9}{16}d^3$（d 是球的直径）。

刘徽说，这是不对的！“牟合方盖”（两个等径正交圆柱体的公共部分）与球体积之比，才等于正方形与其内切圆之比。然而，他没能算出“牟合方盖”的体积，只得到，$V_{球}:V_{牟合方盖}=\pi:4$。

祖暅发现，“幂势既同，则积不容异”。也就是说，两个同高的立体，如果在等高处的横截面积都相等，那么体积必然相等。

17 世纪时，意大利数学家卡瓦列里（Cavalieri）也发现了这个规律，所以西方著作当中，通常叫它“卡瓦列里原理”。不过寻根究底，它应该叫“祖暅原理”。

根据这个原理，父子俩求出，“牟合方盖”的体积等于 $\frac{16r^3}{3}$（r 是球的半径），所以 $V_{球}=\frac{\pi}{4}\times\frac{16r^3}{3}=\frac{4\pi r^3}{3}$。

前面已经提到，隋唐时期，国子监用的教材是“算经十书”。按规定，《缀术》要学习四年，是时间最长的。然而它实在太难了，这门课往往没有老师能教。

王孝通在《缉古算经》的自序里说，《缀术》有些地方“全错不通”，有些地方“于理未尽”。然而，这未必是《缀术》的问题，反而可能是他没把书读明白。

祖冲之的才华，不光在数学上！在机械设计上，也取得了一大串成果——

《南史·祖冲之传》记载，他听说三国时期诸葛亮有“木牛流马”，于是“造一器，不因风水，施机自运，不劳人力”。

又造出了“千里船”，可能尝试了更高效的推进方式（比如说畜力，或者在船两边安上轮子），“于新亭江试之，日行百余里”。

还在乐游苑（皇家园林）“造水碓（duì，捣米器具）磨”，以水力代替人力，就轻松多了。

南齐高帝萧道成让祖冲之“追修古法”，看能不能复原出传说中的指南车。他“改造铜机，圆转不穷，而司方如一（指示方向始终如一）”，漂亮地完成了任务。

有个北方人叫索驭驎（lín），说自己也能制造。高帝就让他和祖冲之在乐游苑“打擂台”，比比谁的指南车更准。结果索驭驎的偏差挺明显，于是“毁而焚之”。

在历法上，祖冲之也倾注了许多心血。

南朝宋孝武帝大明六年(462年)，他创制了《大明历》，将回归年(太阳连续两次经过黄道上特定点的时间间隔)和恒星年(太阳连续两次经过地球与某一恒星连线的时间间隔)区分开来，规定一回归年等于365.2428日，比先前要精密得多。

它的创新点在于，考虑了岁差！

地球在运行过程中，受到其他天体的吸引，自转轴的方向会发生变化，但是很慢也很小。所以，太阳并不会每年都回到同一个位置，恒星年才是地球公转的真正周期。

《大明历》完成以后，祖冲之将它呈给朝廷，皇帝宠信的保守派戴法兴却指责他“诬天背经”，罪过大了。

祖冲之不服输，摆事实讲道理，一条条驳回去。他说，天文数据“非出神怪，有形可检，有数可推”。

可惜的是，《大明历》几经波折，在祖冲之生前没能实施；最后经过祖暅的不懈努力，才在两次改朝换代以后的梁武帝天监九年(510年)颁行。

古时候，科学问题常常不是光靠科学就能敲定的，有太多不得已……

数书九章

要是哪个人特别擅长什么事情，你是不是会容易有“滤镜”，觉得他或她说什么都是对的？

南宋数学家秦九韶的故事告诉我们，才华不等于人品，一方面厉害，不等于方方面面都厉害！

秦九韶字道古，出生于宁宗嘉定元年（1208 年）。父亲秦季槱（yǒu）担任巴州（今四川省巴中市）守，秦九韶也在那里长大。

当时可不太平！兵乱之中，秦季槱带全家逃到了都城临安，先后当上了工部郎中、秘书少监。

工部掌管“天下城郭、宫室、舟车、器械、符印、钱币、山泽、苑囿（yòu，古时候帝王养动物的园林）、河渠之政”，秘书省则掌管“古今经济图书、国史实录、天文历数之事”。所以，秦九韶“近水楼台先得月”，跟父亲待在临安的这五六年里，可长了不少见识。

秦九韶多才多艺、文武双全。据说，他曾经向一位神秘的“隐君子”请教数学。

理宗宝庆元年（1225 年），秦季槱转任潼川（现在的四川三台）知府；秦九韶跟着去了，十八岁时“在乡里为义兵首”。

人们说，秦九韶“性极机巧，星象、音律、算术，以至营造等事，无不精究”，而且“游戏、毬（qiú，蹴鞠）、马、弓、剑，莫不能知”。

几年以后，秦九韶当上了主管治安的县尉。然而，蒙古大军已经开始进攻四川，潼川成了最前线。他后来回忆，那些年里“尝险罹（lí，遭受）忧，心槁（gǎo，枯萎）气落”。

逆境之中，秦九韶深信，“物莫不有数也”。这里的“数”原本指天数或命数，不过他专心钻研的是算术问题。

理宗淳祐四年（1244 年），由于母亲去世，秦九韶离职守孝。他回了家，却没有荒废时间，在淳祐七年写完了《数书九章》。它原本叫《数术大略》，明清时期才改成这个名字。全书分成九大类，每大类又包含九道题——

大衍类，总结了前人在开方中所使用的列筹方法，将其整齐而有系统地应用到高次方程的有理或无理根的求解上去。

天时类：天文历法和雨雪测量当中的数学问题，还提到了世界上已知最早的雨量计。

田域类：田亩的面积计算。

测望类：几何测量。

赋役类：赋税、劳役的计算。

钱谷类：关于钱粮的数学问题。

营建类：土木建筑工程当中的数学问题。

军旅类：军营布置和军需供应当中的数学问题。

市物类：交易、利息的计算。

是不是跟《九章算术》神似？可见由它开创的数学传统影响多么深远……

秦九韶说，数学要“以拟于用”，也就是能解决实际问题，在日常生活当中帮上忙。

《数书九章》不光“接地气”，理论水平也很了不起。

它最大的成就，是“大衍求一术”，也就是利用《九章算术》里的“更相减损术”（求最大公约数的算法，跟欧几里得的“辗转相除法”原理一致），给出了一次同余式问题的系统解法。

前面提到的“韩信点兵”，就属于一次同余式问题。《孙子算经》给它设计了解法，可惜并不能通用，换几个数就两眼一抹黑了。

秦九韶的成果，在西方数学史著作里叫“中国剩余定理”。它长期领先于世界，直到18—19世纪，欧拉（Euler，瑞士人，是历史上最多产的数学家）和高斯（Gauss，德意志人，号称“数学王子”）开始系统钻研同余问题，才被超越。

现代密码学的主要工具之一，就是“大衍求一术”。

秦九韶还提出了“正负开方术”，将一元 n 次多项式的求值问题转化成 n 个一次式的计算，只用做乘法跟加法，就省事多了。

它也叫“秦九韶程序”，圆满解决了求一元高次方程正根的问题。1819 年，英国数学家霍纳（Horner）才提出了原理和这差不多的算法。

当时数学已经没那么受重视了，被吐槽成“九九贱技”。秦九韶可不服气，他坚持，数学“大则可以通神明，顺性命；小则可以经世务，类万物”。

这跟刘徽的看法一脉相承，他们都引用《周易》（是儒家核心典籍“五经”之一），说通过数学，可以透彻了解支配这个世界的普遍规律，哪怕万物变幻莫测，也可以洞察其中的奥秘。中国古代的数学研究者往往都相信，数学和神秘主义息息相关。

秦九韶还主张，研究数学不能满足于应用，要“探隐知源”。也就是说，要脚踏实地，也要仰望星空。而且要独立思考，不能一味模仿甚至抄袭前人。

然而，根据文学家周密和刘克庄的记载，秦九韶的性格往好里说是豪放不羁，往坏里说是无恶不作。

他热衷当官，一心朝上爬，奢侈挥霍，当时人指责他“不孝、不义、不仁、不廉”，奇葩八卦数不完。

有片田产本来是上司吴潜的，被他动歪心思弄到了手，在上面盖了好多奇奇怪怪的豪华房屋，都是他亲自设计的。

秦九韶命令手下杀死自己的儿子，亲自策划了毒死、用剑自裁、溺死三种方案。手下偷偷将他儿子放了，他听说以后非常生气，竟然开出巨额赏金，满世界追杀儿子和手下。

他藏了不少毒药，要是地方官在判案时不听他的，他就会怀恨在心，想方设法把那人害死。

不过，也有学者给秦九韶“鸣冤”——

南宋党争非常厉害，大臣们纷纷“站队”，互相揭短。周密和刘克庄都是秦九韶的政敌，这些“黑料”未必靠得住。所以我们对待史料，不光要看它写了什么，还要看是谁在什么时候写的、为了什么。

宋金元时期是中国古代数学发展史上的高峰，出现了“四大家”。除了秦九韶，另三位都是谁？

李冶（yě）——

他字仁卿，生活在金元之交，正好碰上乱世，很长一段时间里过着艰苦的隐居生活，但是他依然专心钻研学问，乐在其中。学生说他“虽饥寒不能自存，亦不恤（xù，忧虑）也”，在“流离顿挫”中“未尝一日废其业”。

他的最大成就，是总结并完善了“天元术”。

它是代数多项式的一种表示方法，“立天元一为某某”就相当于现在的“设 x 为某某”。

它出现于北宋，记号非常混乱，运算起来也非常繁琐。

比如说，金庸在《射雕英雄传》里提到的，用“人”表示常数项，用“仙、明、霄、汉、垒、层、高、上、天”表示未知数的各正数次幂（最高为九），用“地、下、低、减、落、逝、泉、暗、鬼”表示未知数的各负数次幂（最低同样为九），式子列出来简直像“玄学”，越看越一头雾水。

经过李冶的改进，“天元术”更简便也更实用了，才真正变成数学家手里的“利器”。

李冶的代表作是《测圆海镜》，用“天元术”讨论勾股容圆（求直角三角形内切圆直径）之类的内容。

而且，这本书基本上是个演绎体系，第一卷里给出了所需的定义、定理、公式，后面的题目都可以在此基础上通过“天元术”推导出来。

《测圆海镜》标志着“天元术”成熟，可惜它实在太难了，大家纷纷表示看不懂。为了普及“天元术”，李冶又写了《益古演段》，用这种数学工具来解决实际问题（主要是求方、圆等图形的面积）。

杨辉——

他字谦光，生活在南宋，当过苏杭一带的地方官。

数学课本上的“杨辉三角”，就是他在《详解九章算法》里列出的。

这张上面满是数字的图，体现了二项式系数的展开规律。观察一下，它有什么特点？

两条斜边都由 1 组成，其余的数等于它上面两个数之和。

杨辉说，这张开方作法本源图其实出自北宋数学家贾宪的《释锁算书》。那张满是数字的图，可以叫“杨辉三角”，也可以叫“贾宪三角”。

而在西方，它叫“帕斯卡三角形”，是法国数学家布莱士·帕斯卡（Blaise Pascal）在 17 世纪发现的，比杨辉晚了快 400 年。

杨辉还写了《日用算法》《乘除通变本末》《田亩比类乘除捷法》和《续古摘奇算法》。看名字，就能猜出他著作的特点——贴近生活，保存了珍贵的古代数学成果，也有不少创新之处。

而且，他特别重视教育，说编书要图文并茂，“用法必载源流、命题须责实有”，既方便理解，又让大家能真正感觉到数学的魅力和功能。

在杨辉的这些书里，算法已经口诀化了，又好念又好背，给明朝流行开来的珠算打下了基础。

像这个“求一乘”口诀，不就是首五言诗？

朱世杰——

他字汉卿，号松庭，生活在元朝，“以数学名家周游湖海二十余年”。

南北方数学的精华，他都不放过，既发展了“天元术”，又重视日用和商用数学。

朱世杰最了不起的成果，是《四元玉鉴》。

“天元术”只是列和解一元高次方程，而“四元术”迭代到了多元高次方程，未知数最多可以有四个，分别是天元、地元、人元、物元。

在“垛积法”（高阶等差数列求和）与“招差术”（高次内插法，通过数值逼近来求未知函数的值）上，他同样有很大突破。

朱世杰不光能深入，还能浅出！

他写了本《算学启蒙》，从最基本的九九歌诀、斤两化零歌教起，自成体系，几乎把初级和中级数学知识“一网打尽”。

所以清朝数学家王鉴说，朱世杰“兼秦（九韶）、李（冶）之所长”。

在中国传统数学著作当中，水平最高的可能就是《四元玉鉴》。

几何原本

点、直线、曲线、平行线、直角、锐角、钝角、三角形、四边形……这些数学概念，我们都不陌生。

它们既“古老”又“年轻”，中文名字直到晚明才有！

想出译法的可是老熟人——徐光启，《农耕卷》里讲《农政全书》的那篇已经介绍过他的生平。

万历三十四年（1606 年），他跟耶稣会传教士利玛窦（Matteo Ricci，意大利人）搭档，翻译了古希腊数学家欧几里得（Euclid）《几何原本》的前六卷，万历三十五年春天完稿出版。以上那些数学概念，就是在这个过程中推敲确定的。

《几何原本》成书于公元前 3 世纪，在西方叫“欧几里得原本”，希腊文名字是“Στοιχεῖα”。明朝人可不知道欧几里得是哪路大神，如果直译，必然一头雾水。

在中国古代，研究空间区域关系的这个数学分支叫“形学”。“几何”原本是多少的意思，比如说曹操那首《短歌行》：“对酒当歌，人生几何”。

而在西方，拉丁文“geometriae”（对应的英文是“geometry”）原本指测量土地。把结果画下来，不正是各种各样的几何图形？

“geo”这个前缀是地球或泥土的意思，所以地质学叫“geology”，地理学叫“geography”。

有人说，徐光启选择“几何”来翻译“geo”，是考虑到发音接近。也有人觉得，“几何”其实是拉丁文“Magnitudo”的意译，可以理解成“计量之学”。

利玛窦曾在澳门学习中文，是第一个将儒家经典“四书”翻译成拉丁文的人。而徐光启不懂西方语言，所以两个人是这样合作的：

徐光启在利玛窦家附近租了房子，方便请教。他每天下午过去，将利玛窦口述的内容逐字记下来，碰见不理解的地方就问，直到弄懂。回家以后，他还要整理、修改、润色草稿，经常忙到深夜。利玛窦拿到初稿，再检查、订正，反反复复好几遍，态度非常严谨。

徐光启是怎么和别人眼里“黄头发蓝眼睛的洋人”玩到一块儿的？

万历二十一年，他在广东韶州教书期间，结识了耶稣会传教士郭居静（Lazaro Cattaneo，意大利人）。

万历二十八年，他去南京拜见恩师焦竑（hóng）时，是同利玛窦的第一次见面。

万历三十一年，他在南京由耶稣会传教士罗如望（Jean de Rocha，葡萄牙人）主持洗礼（基督教的一种入教仪式），加入天主教，教名保禄（Paul）。

万历三十六年，他邀请郭居静来给家人和亲友施洗，这是天主教传入上海的开端。

徐光启说，传教士的学问“略有三种，大者修身事天（奉行天命），小者格物穷理（探究事物的道理）”，而且“其教必可以补儒易佛（补充儒学的不足，代替佛教的影响）”。

来到东方以后，传教士慢慢发现，要想引起大家的兴趣、获得认可和接受，最靠谱的策略就是介绍科技——外行“看热闹”，觉得是新鲜的西洋景；内行“看门道”，会明白这些知识的力量。《几何原本》中文版，就这样应运而生。

《几何原本》被誉为“历史上最成功的教科书”。可以说，它是西方近代科学的源头之一。

它的厉害之处在于，用公理化方法建立了严密的数学演绎体系——由“不证自明”的公设、公理出发，按照逻辑规则，推导出当时已知的全部几何定理。

利玛窦跟徐光启翻译时采用的底本，是德意志人克里斯托弗·克拉维乌斯（Christopher Clavius，利玛窦的老师，这个姓是钉子的意思，所以徐光启在序言里叫他“丁氏”）在 1574 年刊印的拉丁文评注版。

然而，它不单单是数学书！益处还可以更大——

“能令学理者祛（qū）其浮气，练其精心；学事者资其定法，发其巧思，故举世无一人不当学”。

徐光启预测，它“百年之后必人人习之”。

《几何原本》的“打开方式”，跟传统数学著作完全不一样！

徐光启深有体会——

“此书有四不必：不必疑、不必揣（猜测）、不必试、不必改；有四不可得：欲脱之不可得，欲驳之不可得，欲减之不可得，欲前后更置之不可得。”也就是说，它的逻辑相当严密，因此内容不能增减、顺序不能颠倒。

对比以后他发现，中国数学的缺点是过于重视实用、没有建立逻辑体系，会提供答案、教大家怎样做，却不能清晰地解释为什么。

在后来整理出的《测量法义》一书里，他说，《九章算术》也提到了勾股定理，然而和《几何原本》相比，“其法略同，其义全阙（空缺、缺失），学者不能识其由”。

而且，进入明朝，数学研究几乎荒废，不复宋元时期的辉煌，逐渐落后于西方。在徐光启看来，原因有两点——

“名理之儒土苴（jū，轻贱的意思）天下实事”。

“妖妄之术谬言数有神理，能知往藏来，靡所不效。卒于神者无一效，而实者无一存”。也就是说，拿数学去算命占卜，不干正事，结果两边都是竹篮打水一场空。

在一封奏疏里，徐光启列出了数学能大显身手的领域：天文历法、水利工程、音律、兵器兵法及军事工程、会计理财、各种建筑工程、机械制造、舆地测量、医药、制造钟漏等计时器。

而且，《几何原本》打开了新世界的大门，足以改变人们的思维方式！

徐光启说，它“似至晦，实至明，故能以其明，明他物之至晦；似至繁，实至简，故能以其简，简他物之至繁；似至难，实至易，故能以其易，易他物之至难”（大意是《几何原本》看起来异常艰深繁复，实际上却简明扼要、提纲挈领，有助于解决各种问题）。

徐光启多么希望，以《几何原本》为代表的西方科技知识能给大明王朝“续命”，治好它身上的那些疑难杂症。

有了数学这种“神兵利器”，徐光启开始一件件办实事了。

比如说，修改历法——

徐光启早早推掉了一切笔墨应酬，省下时间来钻研这个。在给亲戚的信里，他说，“今世作文集至千百万言者非乏，而为我所为者无一有。历虽无切于用，未必更无用于今之诗文也。况弟辈所为之历算之学，渐次推广，更有百千有用之学出焉”。

在元朝，“科学全才”郭守敬等人制定了《授时历》。明朝推行的《大统历》，实际上是它的延续，同时参考了伊斯兰历法。日积月累，《大统历》越来越不准确，自成化年间起陆续有人建议修改，却因“祖宗之法不可变”而被拒绝，甚至获罪。

中国古代历法长期领先世界，为什么这时候落后了？

原因有二：

西欧天文学发展迅速，相比之下中国不进则退。

明太祖下旨，严禁民间私习天文历算，如果违犯，不是充军就是杀头。

万历三十八年十一月朔（农历初一）日食，钦天监（类似现在的天文台，任务是观测星象、推算节气、制定历法）预报出错。有人提出由徐光启和传教士共同翻译“西法”，好在改订历法的时候参考，然而不了了之。

崇祯二年（1629 年）五月朔再次日食，徐光启用“西法”推算的结果同实测相符，比钦天监精密得多。于是皇帝下旨设立“历局”，由徐光启主持，编纂新历。

许多传教士来帮徐光启的忙：龙华民（Niccolo Longobardi，意大利人）、庞迪我（Diego de Pantoja，西班牙人）、熊三拔（Sabbatino deUrsis，意大利人）、罗雅谷（Giacomo Rho，意大利人）、邓玉函（Johann Schreck，瑞士人）、汤若望（Johann Adam Schall von Bell，德意志人）……

他们首先翻译了一批欧洲的数理天文学书籍，给后面的工作打好基础。消化吸收了别人的成果，才有本事创新。

他们的“战绩”，就是共 46 种、137 卷的《崇祯历书》。徐光启担任总编，“释义演文，讲究润色，校勘试验”。

他强调，历法计算必须建立在了解天文现象原理的基础上，不光得“知其然”，更得刨根问底，“知其所以然”。

所以《崇祯历书》当中，理论足足占了三分之一篇幅，几乎将到 17 世纪初为止西方的重要天文学著作“一网打尽”，必备的数学知识、天文仪器和使用方法、中西度量单位换算都介绍了。

《崇祯历书》主要采用了第谷·布拉赫（Tycho Brahe，近代天文学奠基人）的宇宙体系，比托勒密（Ptolemaeus，生活在公元 2 世纪的埃及）体系更科学，然而还属于“地心说”。

不过，传教士也提到了哥白尼（Kopernik）和伽利略（Galileo），并没有忽略天主教会非常反感的“日心说”。

为了应对内忧外患，徐光启在军事上也花了许多心血。

他克服重重阻力，甚至连自己的俸禄都砸进去了，通过住在澳门的葡萄牙人买到西洋新式火器，还聘请外国工匠、教师替朝廷效力。

在他看来，火铳（chòng）和红夷大炮“物料真、制作巧、药性猛、法度精”，不管射程还是威力都优势明显。

在战场上，特别是守城时，这些火器确实派上了大用场，把敌军轰得灰头土脸、人仰马翻。

火器跟数学有什么关系？

炮兵要计算弹道，不懂点三角函数、几何知识真不行！

徐光启重视技术，也重视人。万历四十八年起，他亲自在通州、昌平督练新军，希望组建一支擅长火器、机动能力强、有本事野战的部队。

他提出，要贵精不贵多、实事求是，还编写了一大堆条令，好做到有法可依：《选练百字诀》、讲治军的《束伍条格》、讲列阵的《形名条格》，还有《制火药法》……

徐光启不是一个人在战斗！志同道合的朋友还挺多。

李之藻，致力于推介数学、天文学、逻辑学，编刻了中国第一部西学译著丛书《天学初函》，帮利玛窦绘制了《坤舆万国全图》。

李天经，在徐光启去世后接手“历局”，给《崇祯历书》收尾。

杨廷筠，下决心召集人手翻译 7000 多部欧洲“六科经籍”，可惜没过几年就去世了。

王徵（zhēng），学习拉丁文，同邓玉函合译《远西奇器图说》，是中国第一部关于欧洲近代机械工程学、物理学的专著。

当时不少士大夫“无事袖手谈心性，临危一死报君王”，做啥啥不成。徐光启这群人却关注“实学”，希望能用从“外来和尚”那里取的经，给朝廷、给百姓帮点忙。

然而，命运跟他们开了个残酷的玩笑。不管是火器还是天文历算，到头来都事与愿违。

明朝末年的很多事就坏在党争上——官员们拉帮结派，不问对错，只看立场，内耗非常严重。
徐光启真没想掺和，可是他说了根本不算。虽然他最后“位极人臣”，实际上却憋屈得很，壮志难酬。
他的得意弟子孙元化当时担任登莱巡抚，掌握着最精锐的火器部队，却由于属下孔有德、耿仲明等人哗变，被斩首。
孙元化原本有机会戴罪立功，然而党争中的一派揪住这件事不放，把他当成捅向另一派的刀子，所以他非死不可。
练兵造炮救国的梦想毁于一旦，徐光启大受打击，第二年就在忧愤中去世。

更讽刺的是，孙元化死后，孔有德他们干脆投奔后金（清朝的前身），将火器和研发人员全带了过去。得到这支部队，后金如虎添翼，打天下更顺当了；而明朝丢掉一张王牌，离万丈深渊越来越近。

《崇祯历书》编好以后，许多“老古董”看它不顺眼，想方设法下绊子，折腾了整整十年。
自崇祯二年到十六年，双方“硬碰硬”了八次——用自己的方法预报日月食的时刻和水星、火星、木星的位置，看谁算得更准。
结果，“西法”8:0 完胜！
皇帝总算下诏采用《崇祯历书》，可惜已经太晚了。没过多久，“闯王”李自成大军攻陷北京，明朝灭亡。

清朝建立以后，汤若望当即选择合作，删改、修订了《崇祯历书》，献上去。

顺治皇帝亲笔给它题名《西洋新法历书》，颁行天下。它成了清朝“再造乾坤”的象征，后来又改名“时宪书”，现在我们用的农历，就和它一脉相承。

几经波折，“西法”最终取胜，成了被官方认可的天文学体系。

说回《几何原本》，其实它没完结！

欧几里得原书共有十三卷，克拉维乌斯的版本是十五卷。徐光启曾经提议全部翻译，然而利玛窦的目标是传教不是科普，所以先出版了讲平面几何的前六卷，准备看看反响再说。

当时《几何原本》“受到的推崇远高于对它的理解”。就像前些年霍金的《时间简史》一样，大家争着谈论、收藏这本书，至于有几个人能真正看懂，是另一回事。

遗憾的是，万历三十八年利玛窦去世了。其余传教士对后九卷内容并不熟悉，翻译起来有困难，而且龙华民执掌耶稣会以后，改变了利玛窦的策略，不赞成花太多时间介绍西方科技，对传教士的管束也更加严厉。所以徐光启没条件继续，只能把精力转向别处。

直到晚清，数学家李善兰才跟英国传教士伟烈亚力（Alexander Wylie）合作翻译了后九卷，内容包括数论、无理数、立体几何、圆面积、正多面体……

完整的《几何原本》中文版，是由名臣曾国藩资助刊印的。填平这个“坑”，用了二百余年。

参考文献

[1] 金秋鹏 . 中国科学技术史：人物卷 [M]. 北京：科学出版社，1998.
[2] 江晓原 . 中国古代技术文化 [M]. 北京：中华书局，2017.
[3] 江晓原 . 中国科技通史：医学、算学、博物学 [M]. 南宁：接力出版社，2019.
[4] 闻人军 . 考工司南：中国古代科技名物论集 [M]. 上海：上海古籍出版社，2017.
[5] 骈宇骞，李解民，盛冬铃 . 武经七书（插图版）[M]. 北京：中华书局，2020.
[6] 戚继光 . 纪效新书 [M]. 北京：中华书局，2017.
[7] 李硕 . 南北战争三百年：中国 4—6 世纪的军事与政权 [M]. 上海：上海人民出版社，2018.
[8] 马伯英 . 中国医学文化史 [M]. 上海：上海人民出版社，2010.
[9] 于赓哲 . 唐代疾病、医疗史初探 [M]. 北京：中国社会科学出版社，2011.
[10] 袁珂 . 山海经校注（最终修订本）[M]. 北京：北京联合出版公司，2022.
[11] 刘宗迪 . 失落的天书：《山海经》与古代华夏世界观 [M]. 北京：商务印书馆，2006.
[12] 段成式 . 酉阳杂俎 [M]. 上海：上海古籍出版社，2012.
[13] 洪迈 . 夷坚志 [M]. 北京：中华书局，2006.
[14] 玄奘，辩机 . 大唐西域记校注 [M]. 北京：中华书局，2000.

喵懂中国典籍

奇书卷

文字撰写　王宸　叶金锴
编　　制　星球地图出版社

星球地图出版社
STAR MAP PRESS
国 家 一 级 出 版 社
全国百佳图书出版单位

图书在版编目（CIP）数据

喵懂中国典籍．奇书卷 / 王宸，叶金鲁撰．-- 北京：星球地图出版社，2025．-- ISBN 978－7－5471－3008－7

Ⅰ．Z422-49

中国国家版本馆 CIP 数据核字第 20243LB995 号

责任编辑 张　越 高　帅
图书编辑 高　帅
排版设计 樊羽菲 高　芳
文字撰写 王　宸 叶金鲁
封面设计 王　静
插画绘制 谢步平 王少波 程建新 支少卿 潘艺晶 周　磊
出版审订 郝　刚 左　伟

喵懂中国典籍（奇书卷）

出版发行　星球地图出版社
地址邮编　北京市海淀区北三环中路 69 号 100088
网　　址　www.starmap.com.cn
印　　刷　北京印刷集团有限责任公司
经　　销　新华书店
开　　本　285 毫米 ×285 毫米 12 开
版　　次　2025 年 3 月第 1 版
印　　次　2025 年 3 月第 1 次印刷
定　　价　199.00 元（全 7 卷）

联系电话：010-82028269（发行）、010-62272347（编辑）

目录

山海经

在不同文明的早期传说里，总能看到神奇动物的身影。比如说，中国和欧洲都有龙和凤凰，只是造型、属性不一样。古籍里也记录了无数珍禽异兽，简直挑战我们的想象力。它们真的存在过吗，难不成现在灭绝了？

晋朝的郭璞（pú）在给《山海经·中山经》作注时，专门提到：“邛崃（qióng lái）山……出貊（mò）。貊似熊而黑白驳。亦食铜铁。”

脑补一下，这是不是非常威猛的神兽，铜头铁臂，就像齐天大圣孙悟空那样，被困五行山时，能饿了吃铁丸子、渴了喝铜汁？

然而，郭璞在给中国第一部辞书《尔雅》作注时，又说貊“能舐（shì）食铜铁及竹骨”。

长得像熊，毛色黑白相间，会吃竹竿，这画面是不是有点熟悉？

威风凛凛的“食铁兽”，竟是憨态可掬的国宝大熊猫！

好玩的是，《尔雅》里说，貊吃铜铁要靠舔的，并不能大口吞噬！

现在大家已经注意到，大熊猫有爱吃盐的特点。而且它牙口不是一般的好，三四十年前的报纸上还登过，大熊猫闯进村民家中，找有咸味的食物吃，把铁锅都一并啃了。

由于含有阳离子，大自然中的原生金属矿普遍带点咸味。生活在野外的大熊猫为了尝口咸的，总喜欢去舔几下，要是兴致来了，甚至可能产生咀嚼行为。

《山海经》中记录的邛崃山不是今天这座，可能和史书上的严道铜山（位于四川雅安）相连。它恰好是大熊猫的栖息地之一，而且盛产露天铜矿。古人观察到了大熊猫这样做，却不明白究竟是为什么，就留下了看似荒唐的记载——仔细想想还挺有道理，只是拐的弯有点多。

想一想，碰见新东西的话，你会怎么办……

是不是先认真看看，然后分析它和熟悉的那些事物有什么不同？

古人也是这样了解世界的！

原始时期，大家已经会有意识地观察身边的一切。

发明文字以后，想要记录大自然里的风雷雨雪、山川草木、花鸟鱼虫，就更省事了。

然而，古人没有我们现在这么多科技手段，就很难知道各种现象的真正成因。他们能感知和了解的，只是事物的外部特征和功能、用途，以及大自然的一些粗浅规律。

出现这样的记载往往意味着一个文明开始走出蒙昧阶段，越来越丰富、成熟。

上古典籍当中的《山海经》，就是这样一本包罗万象的书，它相当于古人对世界的“录播”，或许变形了，可是跟照哈哈镜似的，反而格外有意思。

《山海经》里的神奇动物，有些家喻户晓，养活了一大堆 IP，在网文、电影、动画、游戏里都露过脸——

天狗，“其状如狸而白首，其音如榴榴，可以御（抵挡）凶”。然而在后世，它变成了吞太阳月亮的凶兽，和日本传说当中的大妖怪。

九尾狐，生活在“青丘之国”，会吃人，人吃了它的肉可以“不蛊”，也就是不受邪气侵害。

郭璞说，天下太平时它才会出现，意味着吉祥和多子多福。大家印象里狡诈坑人的“狐狸精”，其实是唐宋以后的事儿。

还有些名气没这么大，却也够厉害的——

朏（féi）朏，“其状如狸，而白尾，有鬣（liè，脖颈上的长毛），养之可以已忧（没有烦心事）”。

乘黄，“其状如狐，其背上有角，乘之寿二千岁”。

毕方，“其状如鹤，一足，赤文青质而白喙（huì，嘴），见（出现）则其邑有讹（é，奇怪的）火”。

论神奇程度，植物也不相上下！

祝馀，“其状如韭而青华（通“花”），食之不饥”。

櫔（lì）木，“方茎而员（通“圆”）叶，黄华而毛，其实如楝（liàn），服之不忘”。

它们大多有真实原型，只是越传越夸张。

比如说，迷穀（gǔ），“其状如穀而黑理（纹路），其华四照，佩之不迷”。

它未必有让人不迷路的神奇功效，“不迷”指的也许是药用功能。

“穀”很可能是构树，它的果实是可以清肝明目的中药楮（chǔ）实子。而其他“仙草”能让人“不惑”“不忧”，翻译成后世医书上的话，大概都是可以安神。

另一些植物的药用功能就清晰多了，不至于引起这种美丽的误会——

“食之已（停止的意思）心痛”的萆（bì）荔，就是今天用来治疗风湿痹（bì）痛的薜（bì）荔。

薰草“佩之可以已疠（lì，瘟疫）”。自古至今，戴个塞满药材的香囊，都是中医的重要防疫措施。

动物的情况也差不多。《山海经》里出现了雪豹，你敢信？！

《北山经》里说，“石者之山，其上无草木，多瑶碧。泚（cǐ）水出焉，西流注于河。有兽焉，其状如豹，而文题（花斑额头）白身，名曰孟极，是善伏，其鸣自呼（叫声像它的名字）”。

我们一句句掰开来看——

“无草木”，雪豹栖息的青藏高原一带不正是这样的？

“瑶碧”，前人说这是种玉石，或者像碧玉一样清澈的水面。

古籍里的“河”，往往特指黄河。黄河源头，今天还是雪豹的活动区域。西宁野生动物园的雪豹，也是国内最多的。

“其状如豹”“文题白身”“善伏”不用多说，直接点出了雪豹的长相和行动特征。它是出色的猎手，自带“迷彩服”，趴在满是乱石的山坡上根本找不到。

雪豹不能像狮子老虎那样咆哮，只能喵喵叫。“其鸣自呼”，形容的可能就是这一点。

《庄子・逍遥游》里说，鲲（kūn）这种大鱼，可以化为鹏。

《山海经》也提到了“文鳐（yáo）鱼”：“状如鲤鱼，鱼身而鸟翼，苍文而白首，赤喙，常行西海，游于东海，以夜飞”。

这完全符合飞鱼的特点！它生活在热带或暖温带，会在大洋当中长距离巡游。

古人是怎么观察到它这种习性的？难道曾经踏足东南亚群岛，或者跟那里的人交换过“情报”……

我们现在想给别人描述什么陌生的动植物，举起手机一拍就可以了，有图有真相。

古人可没这么好的运气！他们记录信息的载体非常简陋，不管是兽骨还是竹简，现场速写的话都不可能。

直到秦汉，想要了解各地的具体特点，都得专门派人去采风。而他们收集到的，往往是已经倒过好几手的信息。

古人很早就注意到，信息在传播过程中多么容易失真。有个词叫“三人成虎”，意思是三个人谎报集市上出现了老虎，听的人就相信了。

好些神奇动物正是这么诞生的——观察偏差、以讹传讹，加上旺盛过头的想象力。

我们熟悉的女娲造人、精卫填海、夸父逐日等故事，也都出自《山海经》。它们背后是不是藏着已经被忘掉的历史秘密？

今本《山海经》里有后羿，却没有直接记载他射日。然而，前人引用古本《山海经》时，提到了这个故事。

有人推测，它跟 6000 年前影响两河流域文明的超新星爆发有关。当代天文学家说，那时候大家看到的这颗星，白天和太阳一样亮，过了段时间才消失。所以，“后羿射日”或许是先民对征服自然的想象。

《大荒南经》又说：“东海之外，甘泉之间，有羲（xī）和之国。有女子名羲和，为帝俊之妻，是生十日，常浴日于甘渊”。

有人猜想，“羲和”可能是一个以太阳为图腾（氏族的标志，被大家崇拜）的部落。这样的话，“后羿射日”就反映了原始社会的征服战争。

《山海经》这本奇书，是怎么写出来的？

它只有三万来字，却穷尽了当时大家认知的方方面面：上古地理、历史、神话、天文、动植物、矿产、医学、宗教、民族、科技……

可以想象，《山海经》或许有一些主要的编撰者，但内容必然是长时间不断累积形成的，素材来源也复杂多样。

现存版本的《山海经》，可以分成两大类：《山经》和《海经》。

《山经》又叫《五藏山经》，包括《南山经》《西山经》《北山经》《东山经》和《中山经》，里面可能有一些商朝（甚至更早）的资料。

《海经》包括《海内经》《海外经》和《大荒经》等等，“画风”不像《山经》那么扎实靠谱，结构也更零乱，看起来有点像想到哪儿写到哪儿，这可能恰恰反映了它的成书过程和资料收集方式。

所以有人猜想，《山经》讲述的地理范围大致是战国时期的华夏九州，不少事物也是编撰者亲眼见过的；而《海经》介绍的或许是更加遥远的地方，主要靠道听途说，所以格外诡异。

现在学者普遍认为，它成书于战国到西汉，编撰者可能是方士，也就是专心求仙、研究法术的人。

秦汉时期的方士，不光会“跳大神”！他们同样是文化的采集与记录者，上通天文下知地理，一肚子杂学。

我们看到的《山海经》，基本定型于西汉末年，由刘向、刘歆（xīn）父子校订而成，共十八篇。

他们说，这本书的作者是大禹和伯益。在治水过程中，两个人“内别五方之山、外分八方之海”，不管碰到什么都尽量记下来，从“珍宝奇物”到“水土草木禽兽昆虫麟凤之所止”，再到“绝域之国、殊类之人”。

《山海经》里描绘的，并不是彻彻底底的异世界。

虽然有不少想象成分，可它其实是一本指南，相当于在地图边上密密麻麻注上了对先民（特别是统治者）来说，至关重要的资源信息。

这跟《地理卷》里提到的大禹铸九鼎，是不是有共通之处？

几乎所有人类的早期文明都非常依赖地图。在中国，至少自周朝起，就出现了专门负责制作“天下土地之图”的官员。

《山海经》里的一切记载都跟这种制度密不可分。所以我们会看到，它总是说，“又哪个方向，多少里，有某某山”“某某山有某某河”，然后再介绍新地方的物产，或者发生的故事。

山川的名字，往往也是根据它们出产的东西而定。比如说，九尾狐的家乡“青丘”，就出产玉石和矿物颜料“青雘（huò）”。

《山海经》刚成书时就有配图，画在丝帛上，文字也类似“看图说话”。

东晋大诗人陶渊明就写道：“泛览周王传（指《穆天子传》，也是本奇书），流观山海图。俯仰终宇宙，不乐复何如！”

早期的这些图都失传了，宋朝人重画了一次，也失传了。目前我们能看到的配图，是明朝人画的。

大家可能玩过这样一个游戏：

A 看到什么东西，只用语言向 B 描述。

B 根据听到的内容，将它画下来。

C 拿着这张图，只用语言向 D 描述。

D 再把听到的内容画下来，给 E 看……

反复几次，我们就会发现，无论图还是文，都跟 A 看到的那个东西几乎没什么关系了。

而且，明朝出现了一大堆神魔小说，像《西游记》和《封神演义》。在这种“脑洞大开”的氛围下，《山海经》的文图越来越离谱，也就不奇怪了。

听故事，你喜欢哪一种？
名人八卦，还是怪力乱神……

在魏晋南北朝，这两种故事都很流行。

前一种叫“志人小说”，内容是真实人物言行和奇闻轶事，每条都不长，但几乎全能戳到笑点或萌点。

“志”就是记载、记录的意思。

最出名的是《世说新语》，作者刘义庆是宋武帝刘裕的侄子，被封为临川王。他招揽了不少文人学士，主持编写了这本书。

望梅止渴、七步成诗、管中窥豹、鹤立鸡群、渐入佳境、覆巢之下安有完卵……这些我们熟悉的成语典故，都出自《世说新语》。后世津津乐道的“魏晋风度”也集中体现在这本书里，比如说“竹林七贤”那些稀奇古怪的举动。

后一种叫“志怪小说”，内容大多是神奇怪异的传说，主角有鬼，也有妖和仙。刘义庆主持编写的《幽明录》就是一个例子。

不过，最出名的是《搜神记》。

它的作者名叫干宝，字令升。他从小博览群书，东晋元帝时担任史官，奉命写成了二十卷《晋纪》。在关于西晋的各种编年体史书里，它质量数一数二。

干宝能把史实简洁明了地写出来，语气又委婉得体，评价也到位，于是大家说这本书是“良史”。

他喜欢研究《易经》，对“古今神祇（qí）灵异人物变化”很感兴趣，于是将这些编成了《搜神记》。

干宝一方面“考先志于载籍”，也就是查资料并且摘抄，另一方面“收遗逸于当时”，也就是整理民间流传的故事。

《搜神记》里的故事，你之前听过吗？

比如说这个，李寄斩蛇：

东越闽中（福建地区）有庸岭，高数十里，其西北隰（xí，低湿的地方）中有大蛇，长七八丈，大十余围。
土俗（当地人）常惧，东冶都尉及属城长吏多有死者（因这条大蛇而丢了性命）。
祭以牛羊，故不得祸。或与人梦（托梦），或下谕巫祝，欲得啖（dàn，吃）童女年十二三者。
都尉、令、长（地方官员）并共患（担忧）之，然气厉不息（造成的灾害不停止）。
共请求人家生婢子，兼有罪家女养之。至八月朝祭，送蛇穴口，蛇出吞啮（niè，咬）之。累年如此，已用九女。

尔时预复募索（那时候又在预先寻找、征募给大蛇当祭品的孩子），未得其女。

将乐县李诞，家有六女，无男。其小女名寄，应募欲行。父母不听。

寄曰：“父母无相（没有福相），惟生六女，无有一男，虽有如无。女无缇萦（tí yíng）济（帮助）父母之功，既不能供养，徒费衣食，生无所益，不如早死。卖寄之身，可得少钱，以供父母，岂不善耶！”

父母慈怜，终不听去。寄自潜行（偷偷跑掉了），不可禁止。

（缇萦是西汉时的孝女。她父亲淳于意被关进监狱，押送到长安。缇萦不光跟着去了，还给文帝上书，说自己愿意当官婢，代替父亲受刑。文帝被感动了，不光赦免了淳于意，还废除了残酷的肉刑。）

寄乃告请好剑及咋（zé）蛇犬（请官员赐给她锋利的宝剑和会咬蛇的猎犬）。

至八月朝，便诣（yì，到）庙中坐，怀剑将（带着）犬。先将数石米餈（cí，糍粑），用蜜麨（chǎo）灌之（拌上蜜糖），以置穴口。

蛇便出，头大如囷（qūn，圆形的谷仓），目如二尺镜，闻餈香气，先啖食之。

寄便放犬，犬就啮咋（niè zé），寄从后斫（zhuó，砍）得数创。疮痛急，蛇因踊（yǒng，蹿跳）出，至庭而死。

寄入视穴，得九女髑髅（dú lóu，死人的头骨），悉（全，都）举出，咤（zhà，慨叹）言曰："汝曹（你们这些人）怯弱，为蛇所食，甚可哀愍（mǐn，怜悯）！"

于是寄乃缓步而归。

越王闻之，聘寄女为后（娶她做王后），指其父为将乐令（指定她父亲当了将乐这个地方的长官），母及姊皆有赏赐。

自是（从此以后）东冶无复妖邪之物。其歌谣至今存焉。

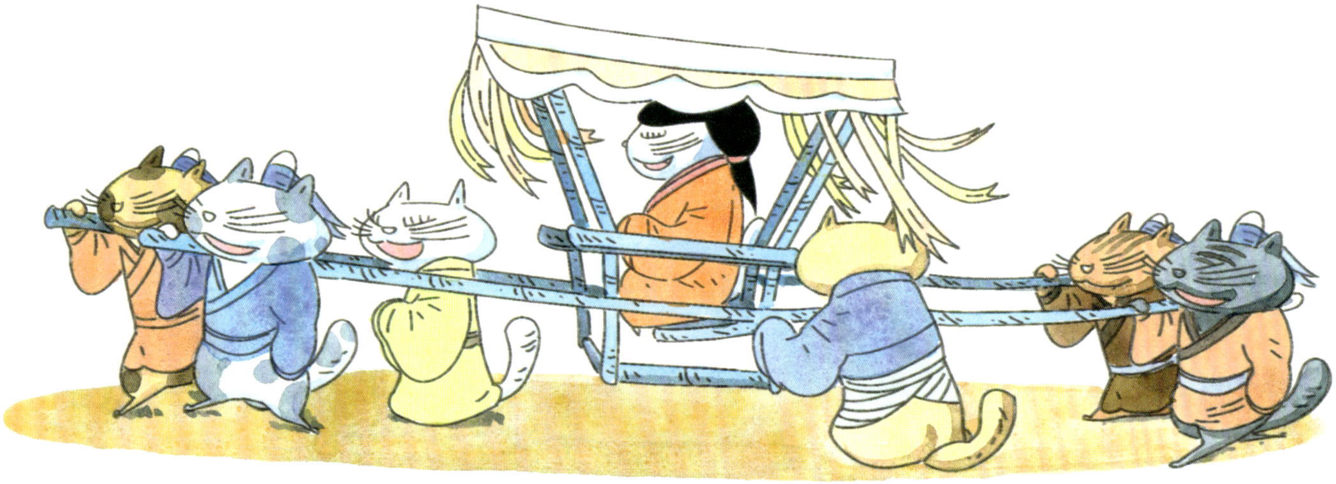

再比如说，相思树（一对恩爱夫妻被强权拆散，在生前不能相会，死后却通过变成“相思树”实现了反抗）：

宋康王（战国时期的昏君）舍人（亲近的官员）韩凭，娶妻何氏，美，康王夺之。

凭怨，王囚之，论为城旦（强制做苦工的一种刑罚）。

妻密遗（wèi，送给）凭书，缪（通“缭”，让词句曲折隐晦）其辞曰：“其雨淫淫（下个不停），河大水深，日出当心。”

既而（不久以后）王得其书，以示左右（随从），左右莫解其意。

臣苏贺对曰：“其雨淫淫，言愁且思也。河大水深，不得往来也。日出当心，心有死志也。”（也就是说，她表达了对韩凭的思念和以死明志的决心）。

俄而（很快）凭乃（就）自杀。

其妻乃阴（暗地里）腐其衣（让自己的衣服朽烂）。

王与之登台，妻遂自投台下，左右揽之，衣不中手而死（衣服一拉就坏了，于是摔死）。

遗书于带曰（在衣带上留了遗言）：“王利其生，妾利其死。愿以尸骨，赐凭合葬。”
王怒，弗（不）听，使里人（他们的同乡）埋之，冢相望也。
王曰：“尔夫妇相爱不已，若能使冢合，则吾弗阻也。”

宿昔（早晚，形容时间非常短）之间，便有大梓（zǐ）木生于二冢之端，旬日（十天）而大盈抱，屈体相就，根交于下，枝错于上。

又有鸳鸯，雌雄各一，恒栖树上，晨夕不去，交颈悲鸣，音声感人。
宋人哀之，遂号其木曰“相思树”。相思之名起于此也。南人谓此禽即韩凭夫妇之精魂。
今睢（suī）阳有韩凭城，其歌谣至今犹存。

还有，干将莫邪（yé）的儿子眉间尺报仇（牺牲自己，通过侠客相助，消灭了暴虐的楚王）：

楚干将、莫邪为楚王作剑，三年乃成。王怒，欲杀之。

剑有雌雄。其妻重身当产（怀孕要分娩了），夫语妻曰（干将告诉莫邪）：“吾为王作剑，三年乃成。王怒，往必杀我。汝若生子是男，大，告之曰：‘出户望南山，松生石上，剑在其背。’”

（他）于是即将雌剑往见楚王。王大怒，使相之（派人仔细察看这柄剑）。

剑有二，一雄一雌，雌来雄不来。王怒，即杀之。

莫邪子名赤，比后壮（等到后来长大了），乃问其母曰：“吾父所在？”

母曰：“汝父为楚王作剑，三年乃成。王怒，杀之。去时嘱我：‘语汝子出户望南山，松生石上，剑在其背。’”

于是子出户南望，不见有山，但睹（看见）堂前松柱下石低（可能通“砥”，基石的意思）之上。即以斧破其背（砍开柱子背面），得剑，日夜思欲报（报复）楚王。

王梦见一儿眉间广尺（两条眉毛之间宽一尺），言欲报雠（chóu，通“仇”）。王即购之千金（就悬赏一千金捉拿他）。儿闻之亡去（听说以后就逃掉了），入山行歌。客有逢者（有侠客遇见了他），谓：“子年少，何哭之甚悲耶？”（赤）曰：“吾干将、莫邪子也，楚王杀吾父，吾欲报之。”

客曰：“闻王购子头千金。将子头与剑来，为子报之。”
儿曰：“幸甚（太好了）！”即自刎（wěn），两手捧头及剑奉（献给）之，立僵（身体直立不倒）。
客曰：“不负子也。”于是尸乃仆（倒下）。
客持头往见楚王，王大喜。
客曰：“此乃勇士头也，当于汤镬（huò，盛着开水的大锅）煮之。”王如其言煮头，三日三夕不烂。

头踔（chuō，跳）出汤中，踬（zhì）目大怒（瞪大眼睛，非常生气）。客曰：“此儿头不烂，愿王自往临视之（亲自过去观看），是（这样）必烂也。”
王即临之。客以剑拟（比画）王，王头随堕（掉落）汤中，客亦自拟己头，头复坠汤中。
三首俱烂，不可识别。乃分其汤肉葬之，故通名（笼统地叫作）“三王墓”。今在汝南北宜春县界。

《搜神记》简直是一座取之不尽的故事宝库，后世很多很多人来“开采资源”。

白居易在《长恨歌》里说“在天愿作比翼鸟，在地愿为连理枝”，不正是用了韩凭夫妇的典故吗？

李白在《白头吟》里也写道：“锦水东北流，波荡双鸳鸯。雄巢汉宫树，雌弄秦草芳。宁同万死碎绮翼，不忍云间两分张。……古来得意不相负，只今惟见青陵台。”

青陵台，就是何氏跳下自杀的高台。

董永和七仙女的故事，由于黄梅戏《天仙配》传播，大江南北都知道。它的原型就收录在《搜神记》里。

元朝大戏剧家关汉卿最著名的作品是《窦娥冤》，女主角在被冤杀前立誓，要让一腔鲜血全飞上高挂的白练、盛夏天降大雪掩埋尸首、亢旱三年。

关汉卿的灵感来源，是《搜神记》里东海孝妇的故事。

鲁迅的《故事新编》里，《铸剑》这篇的原型就是眉间尺报仇。

干宝为什么要整理一大堆鬼故事？

魏晋南北朝是个动荡年代，人们原先相信的一切都崩塌了，战火纷飞，大家朝不保夕，根本没有安全感。所以佛道等宗教兴起，给人们慰藉和寄托，巫术、神仙、灵异、怪谈、报应这些内容也很有市场。既然存在其他更瑰丽、有更多可能性的世界，遗憾都能弥补，哪怕现实中要面临再严酷不过的困境，也没那么绝望、没那么害怕了。

鲁迅在《中国小说史略》里写道，干宝之类的文人“亦非有意为小说，盖当时以为幽明虽殊途，而人鬼乃皆实有，故其叙述异事，与记载人间常事，自视固无诚妄之别矣”。也就是说，古人的“三观”和我们现在未必一样，要是完全用自己的立场去套，就没法理解历史上的很多事情。

酉阳杂俎（zǔ）

这个故事，是不是挺眼熟？

有个小姑娘，聪明能干，很受父亲疼爱。父亲去世以后，继母看她不顺眼，常常让她到悬崖上砍柴、急流边打水。

一天，她碰巧捞到条鱼，艳红的鳍（qí），金灿灿的眼睛，可漂亮了。

她偷偷把鱼养在盆子里，它长得飞快，没过多久盆就盛不下了，只能放到家后面的池塘里，她会省下自己的饭喂它。

小姑娘一过去，鱼就露出头来枕在岸上，嘴巴张张合合的，跟她打招呼。来的如果是别人，它根本不理睬。

继母发现了，就动了坏心眼，骗小姑娘去远处打水，然后换上她的旧衣服，袖子里藏着快刀，去了池塘边。

鱼以为小姑娘又来陪它了，高高兴兴地迎接，结果被一刀砍死。

继母吃了鱼，觉得味道格外鲜美，将骨头丢掉了。

小姑娘还蒙在鼓里，第二天去找鱼玩时，怎么呼唤都不见它浮上来，很伤心，在野地里大哭。

忽然，有仙人自天而降，安慰她：“鱼被你继母杀掉了。但是别难过，找到它的骨头，藏在房间里，向它祈求，会让你心想事成。”

小姑娘擦干眼泪，照仙人的话做了。不管要什么宝贝，鱼骨头都能弄来。

到了举行盛大节庆的日子，继母带着亲生女儿去凑热闹，叫小姑娘留下看家，免得别人来摘庭院里树上的果子。

等她们走远，小姑娘也出门了，穿着用翠鸟羽毛装饰的衣裳和黄金鞋子，都是许愿以后鱼骨头给她的。大家看到她的气质和打扮，都移不开眼睛。

小姑娘差点被异母妹妹认出来，匆匆忙忙往家赶，不小心丢了一只鞋子。

继母回来以后，见小姑娘抱着树睡得正香，就没起疑心。

附近的海岛上有个非常强大的国家，君王碰巧得到了这只玲珑的鞋子，好奇它是谁的，叫全国女人都来试，结果没有一个能穿进去。

后来，小姑娘穿上了鞋子，再合脚不过。

她又换回节庆那天的华丽装束，君王被她惊艳了，觉得简直是仙女，于是将她和鱼骨头带回去，让她当了地位最高的妻子。

飞来几块大石头，把黑心肠的继母和她的女儿砸死了。

是不是很眼熟，后半部分很像家喻户晓的“灰姑娘”，而能满足愿望的金鱼也出现在世界各地的童话中……不过，这个故事的主角名叫“叶限”，生活在先秦时期，是西南地区一个“洞主”（少数民族首领）的女儿。

它出自《酉（yǒu）阳杂俎（zǔ）》，比“灰姑娘”要早近一千年。

这本书名字奇奇怪怪，是什么意思？

“酉阳”位于现在的湖南沅（yuán）陵，传说秦始皇下令焚书以后，有人冒死把上千卷“禁书”送到那里，藏在二酉山上的石洞中，所以大家用“书通二酉”来形容学问渊博，什么“冷知识”都懂。

能写出这本奇书的，会是什么奇人？

他叫段成式，字柯古，生活在唐朝中后期，是个“官 N 代”，六世祖段志玄是开国元勋、“凌烟阁二十四功臣”之一，父亲段文昌和外祖父武元衡都是宰相。

段成式靠恩荫当上了秘书省校书郎，后来又担任吉州、处州、江州刺史和太常少卿。

段家是书香门第，他从小就博闻强记。秘书省又是收藏天下书籍的地方，段成式就像耗子掉进米缸里，逮着什么读什么。

他跟李商隐、温庭筠都擅长写骈（pián）文（又叫四六文，一种讲究对仗和音韵、工整华美的文体），家族排行也都是十六，所以并称“三十六”。段成式的儿媳妇，就是温庭筠的女儿。

研究唐朝的美国著名历史学家薛爱华（Edward Hetzel Schafer）说，《酉阳杂俎》是中国古代最具魔幻色彩的书。

宫廷野史、朝堂秘事、妖鬼幻术、外国传说、各种禁忌、奇花异草、珍禽怪兽……它无所不包，里面全是生僻暗黑却好玩的段子。

古人觉得，志怪不登大雅之堂。段成式说，经史子集之类是宴席上的“大菜”，而他这本书是野味“杂烩”，哪怕正经君子看不起，也自有一番风味。多亏了他“不务正业”的收集整理，我们才能看到当时的中国民间故事会长成什么样子，和世界别处的传说又有什么共性——这可能是文化传播的结果，也可能是因为大家的“萌点”本来就共通。

《酉阳杂俎》共有三十卷，名字也奇奇怪怪——

写星象的叫“天咫（zhǐ）”，写道术的叫“壶史”和“玉格”，写佛法的叫“贝编”，写鬼怪的叫“诺皋（gāo）记”，写丧葬的叫“尸穸（xī，墓穴）”，写猛禽的叫“肉攫（jué，抓取）部”……

它里面的故事到底有多诡异？我们这就来看看！

比如说，唐朝版“盗墓笔记”（古墓里有各种奇奇怪怪的防盗措施，盗墓贼就算魔高一尺，也逃不过道高一丈，损失惨重，只好“金盆洗手”）——

刘晏（唐朝著名宰相，擅长理财，可惜遭到陷害，被赐死）判官（辅佐地方长官处理公事的职务）李邈（miǎo），庄在高陵，庄客（田庄里的佃农或雇农）悬欠租课，积五六年。

邈因官罢归庄，方欲勘（kān，审问）责，见仓库盈羡（充足有余），输（运送）尚未毕。

邈怪问，悉（详尽地）曰：“某（人称代词，我）作端公（唐朝人对侍御史的别称，指李邈）庄客二三年矣，久为盗。近开一古冢，冢西去（距离）庄十里，极高大，入松林二百步方至墓。墓侧有碑，断倒草中，字磨灭不可读。初，旁掘数十丈，遇一石门，固以铁汁，累日羊粪沃（wò，浇灌）之，方开。

开时箭出如雨，射杀数人。

众惧欲出，某审（思考、分析）无他，必机关耳。乃令投石其中，每投箭辄（就）出，投十余石，箭不复发，因列炬而入。

至开第二重门，有木人数十，张目运剑，又伤数人。众以棒击之，兵仗悉落。

四壁各画兵卫之像。南壁有大漆棺，悬以铁索，其下金玉珠玑（jī，不圆的珠子）堆积。众惧，未即掠之。

棺两角忽飒飒（sà，形容风声）风起，有沙迸（bèng，溅射）扑人面。须臾（一会儿）风甚，沙出如注，遂没至膝，众惊恐走。比（等到）出，门已塞（堵上）矣。一人复为沙埋死，乃同酹（lèi，把酒洒在地上，表示祭奠或立约）地谢之，誓不发冢。”

段成式笔下的长安城，是个“人鬼不分”的灵异世界，妖怪可能就藏在你身边（下面是关于“食品安全”的故事，几个妖怪把柳树的津液当作油去卖）——

京宣平坊，有官人夜归入曲（巷子），有卖油者张帽驱驴，驮桶不避。导者（开道的随从）搏（推、打）之，头随而落，遂遽（jù，迅速）入一大宅门。

官人异之，随入，至大槐树下，遂灭（不见了）。因告其家，即掘之。

深数尺，其树根枯，下有大虾蟆（há ma）如叠（惧怕的样子），挟二笔錔（tà，金属做的套子），树溜津满其中也，及巨白菌如殿门浮沤（ōu，水泡）钉，其盖已落。虾蟆即驴矣，笔錔乃油桶也，菌即其人也。

里（街坊）有沽（gū，买）其油者，月余，怪其油好而贱。及怪露（露馅），食者悉病呕泄（上吐下泻）。

白天的长安城西市是这个样子，
各国客商、奇珍异宝扎堆，
也是无数传奇故事的舞台……

酒
帛

这个故事也相当“细思恐极”——

大和中，郑仁本表弟，不记姓名，尝（曾经）与一王秀才游嵩山，扪（mén，攀、挽）萝越涧，境极幽夐（xiòng，深远），遂迷归路。

将暮，不知所之。徙倚（xǐ yǐ，徘徊）间，忽觉丛中鼾（hān，呼噜）睡声，披榛（zhēn，丛杂的草木）窥之，见一人布衣，甚洁白，枕一襆（fú，包裹）物，方眠熟。

即呼之，曰：“某偶入此径，迷路，君知向官道否？”其人举首略视，不应，复寝。又再三呼之，乃起坐，顾（看）曰：“来此！”二人因就之，且问其所自。

其人笑曰：“君知月乃七宝合成乎？月势如丸，其影，日烁（shuò，照耀）其凸处也。常有八万二千户修之，予即一数。”（您可知月亮是由七种宝物人工合成的吗？月亮其实是个球体，之所以有阴影，是太阳光照射其表面凸起的部分所致。月球上长期驻扎有八万两千户维修工，我就是其中之一）。

因开襆，有斤凿数事（几样修理工具），玉屑饭两裹，授与二人，曰：“分食此。虽不足长生，可一生无疾耳。”

乃起，与二人指一支径：“但由此，自合官道矣。”言已，不见。

这个人提供的信息，翻译成我们熟悉的话，可真是不得了——没有望远镜的情况下，古人怎么知道月球是凹凸不平的？还说它是地球的“人造卫星”……

《酉阳杂俎》的一大“怕点”是，精怪干坏事常常是随机的，谁碰上谁倒霉。故事也常常没头没尾，想象力丰富到离谱，带着种天真的残酷劲儿。

后来的灵异传奇，逻辑大多更复杂也更完整，加进了人情世故、因果报应，反倒没那么惊悚——只要不做亏心事，就不必担心半夜鬼敲门。

像这一篇的主角，他招谁惹谁了……

永泰（唐代宗的年号之一）初，有王生者，住在扬州孝感寺北。夏月被酒（喝醉了），手垂于床。其妻恐风射（被吹着凉），将举之。

忽有巨手出于床前，牵王臂坠床，身渐入地。

其妻与奴婢共曳（yè，拉扯）之，不禁（阻止不了），地如裂状，初余衣带，顷亦不见。

其家并力掘之，深二丈许，得枯骸一具，已如数百年者，竟不知何怪。

好多僵尸片，是不是能看出这个“坟头蹦迪”故事的影子——

处士（没当过官的读书人）郑宾于言：尝客（旅居）河北，有村正（村委会主任）妻新死，未殓（liàn，把遗体装进棺材）。日暮，其儿女忽觉有乐声渐近，至庭宇（院子），尸已动矣。及入房，如在梁栋间，尸遂起舞。乐声复出，尸倒旋出门，随乐声而去。其家惊惧，时月黑，亦不敢寻逐。

一更（差不多19到21点），村正方归，知之，乃折一桑枝（古人觉得，桑树可以辟邪）如臂，被酒大骂寻之。

入墓林，约五六里，复闻乐声在一柏林上。乃近树，树下有火荧荧然，尸方舞矣。村正举杖击之，尸倒，乐声亦止，遂负（背着）尸而返。

历朝历代，《酉阳杂俎》的“粉丝”可不少！

明朝“出版人”李云鹄（hú）非常喜欢这本书，重印了它，果然畅销。

他在序里说，它“无所不有，无所不异。使读者忽而颐解（开怀大笑，也可以写成“解颐”），忽而发冲（头发竖起来），忽而目眩神骇（hài，惊讶），愕眙（è yí，吃惊地看）而不能禁”。

到了清朝，纪晓岚领衔编纂（zuǎn）的《四库全书总目》虽然吐槽了两句，对它的评价却也够高：“多诡怪不经之谈，荒渺无稽之物……自唐以来，推为小说之翘楚（最出色的人或东西）”。

再听一个神奇植物的故事，就暂时和它道别吧……

大食（阿拉伯帝国）西南二千里有国，山谷间树枝上，化生人首，如花，不解语。人借问，笑而已，频笑辄落。

夷坚志

宋朝人对志怪可感兴趣了！

苏东坡被贬到黄州（今湖北省黄冈市）和岭南的时候，喜欢到处找人嘻嘻哈哈地谈天，特别是讲鬼故事。有人推辞说不知道，他就劝：“姑妄言之”（姑且随便讲讲）。大家听到这句话，笑得一塌糊涂。

陆游也曾经跟同事扎堆聊灵异，还为此写了首诗：

“五客围一炉，夜语穷幻怪。”

“或夸雷可斫（zhuó），或笑鬼可卖（就是《搜神记》里的《宋定伯捉鬼》，好奇的话可以查一下）。或陈混沌（dùn）初，或及世界坏。或言修罗战，百万起睚眦（yá zì，生气时瞪圆眼睛）。”

“余谈恣（zì，纵情）搜抉（jué，选取），所出杂细大。”

“风云堕皮帻（zé，头巾），幽坎窥铁械。群号起古聚，孤泣出空廨（xiè，官署）。妖狐冠髑髅（dú lóu），掩袂（mèi，衣袖）弄姿态……”也就是说，各路妖仙、狐精、鬼怪都在“搞事”，花样百出。”

要是你写了本志怪集子，想给它起什么题目？

宋朝人也可会“玩梗”了！

高宗爱看“神仙幻诞之书”，于是郭彖（tuàn，《易经》当中判断卦象含义的字句）投皇帝所好，编了《睽（kuí）车志》。“睽”是《易经》里的卦象，说“载鬼一车”。

我们这篇故事的主角洪迈也生活在两宋之交，洪迈给自己的书取名《夷坚志》，用了先秦古籍《列子·汤问》里的典故：对奇奇怪怪的事物，“大禹行而见之，伯益知而名之，夷坚闻而志之”。

洪迈，字景庐，号野处、容斋。

他父亲洪皓顶着礼部尚书头衔出使金国，被扣留十五年，一直没有屈服。高宗称赞他“忠贯日月，志不忘君，虽苏武不能过”。

洪迈的两个哥哥洪适、洪遵都很有才，绍兴十二年（1142 年）同时博学宏词科及第，洪遵是状元，洪适是榜眼。

洪迈也去考了，但是落榜了，三年以后才及第，开始做官。他关心百姓，胆子也大，政绩很不错。

他们一家子正直敢说话，得罪了掌权的秦桧。洪皓就是在贬谪（zhé）途中去世的，洪迈的仕途也挺坎坷。

不过后来，洪适当到了宰相，是和欧阳修、赵明诚齐名的金石学（主要研究青铜器和碑刻）大家；洪遵当到了副宰相，是很厉害的钱币学家；洪迈在快八十岁退休时也当到了端明殿学士，文名满天下。

他们父子并称“鄱阳四洪”，不比北宋的“眉山三苏”逊色太多。

洪迈称得上“神童”，“读书日数千言，博极载籍，虽稗（bài）官（野史的意思）虞初（西汉小说家，可惜作品散佚了）、释老（佛道两教）傍行（杂学），靡不涉猎”。

他一辈子“考阅典故，渔猎经史，极鬼神事物之变”，编了足足420卷《夷坚志》，里面不光有仙灵精怪，还能囊括市井百态。

我们先看看，南宋版的“人鬼情未了”——

青州人韦高，避靖康乱南徙（xǐ），居明州。绍兴初，诣（yì）临安赴铨（quán，选拔）试，因事出崇新门，逢青衣（丫鬟或仆人）前揖问曰：“君得非韦五官人字尚臣者乎？”

高惊曰：“是也，何以知吾字？”

曰：“杨三娘子欲相见，凭达家书（靠你送信）。适在帘间望见君，亟（jí，赶快）使我相邀，愿移玉（敬辞，挪动脚步）一往。”

高之舅氏杨佥（qiān）判（协助各州长官处理政事、文书的职务），时寓（住在）新安。知其女三娘嫁李县尉，而彼此流落，久不相闻。乃先叩（询问）其故。

曰：“李尉死已二年，杨家原未知也，娘子用是（因此）欲寄声（托人传话问候）甚切。”

高恻然愍（mǐn）之（对某事或某人感到同情和怜悯），遂同往。

至一小宅，三娘出拜，具（详细地）诉孀（shuāng）居孤苦之状，且言：“所以独处自守，不为骨肉羞者，东邻桑大夫与西邻王老娘之力也。二人皆山东人，拊（fǔ，抚养、照看）我如父母，今当邀致之。”

俄顷（一会儿）偕（xié）来，遂具酒共坐。桑翁兖（yǎn）州人，王媪（ǎo，老太太）单父人，皆年七十余。日暮，高辞退，曰：“吾今出江下，访新安客旅，报舅家。”

后日又过此，王媪询高妻族，曰：“吾妻郑氏，亡已久，家唯二老婢，见（现在）谋婚配，以贫未办耳。”

媪喜曰：“姑舅兄弟通婚甚多，三娘子势须适人（出嫁），与其倩（央求）行媒、淹（拖延）岁月，孰若（怎么比得上）就此成夫妇哉！今日之会，殆（大概）非偶然者。”

高曰：“虽然（就算如此），吾当白（告诉）舅氏以俟（sì，等候）命。”

三娘愠（yùn，生气）曰：“五哥以妹为丑恶，则在所不言（就没什么好说的了）。不然（如果不是这样），则吾父母经年无音信，吾朝夕不能活，正使归他人，亦无可奈，况于邂逅（xiè hòu）相遇得外兄（表哥）乎！”桑翁亦赞襄（帮忙），以为不可失。高遂许诺。

三娘自取缣（jiān，细绢）帛之属，付王媪，备礼纳采，是夕成嘉好。

留六七日，高入市，遇有荷（背着）先牌过者，曰“杨佥判宅二承务（本来是隋唐官名，后来变成了对富贵子弟的称呼）”，视之，乃舅子也。

相携入酒肆，具以事告，且谢不告而娶之罪。杨生骇（hài，惊讶）曰：“三妹同李尉赴官，到此暴卒（忽然去世），李恐违限，急之任，姑（暂且）藁（gǎo）葬（草草掩埋）崇新之野，以书报吾家。吾父使我来挈（qiè，取）其柩（jiù，棺材），安得有此！”

高犹疑未判，率（带领）诣其处，不见居室，但丛冢间杰然一木，标曰“李县尉妻杨三娘子墓”，左曰“兖州桑大夫”，右曰“单州王老娘”。二子泣叹良久。

高曰：“谚云：‘一日共事，千日相思。’吾七日之好，义均伉俪（kàng lì，夫妻），岂以人鬼为间（jiàn，隔阂）哉！”为之素服哭奠，与杨生同护其丧。

行过严州，梦三娘立岸上相呼，高招使登舟，不肯，曰："生平无过恶，便得托生，感君恩意之勤，今恳祈阴官，乞复女身，与君为来生妻，以答大贶（kuàng，恩赏）。"泣而别。

高调定海尉、衡阳丞、容州普宁令，历十七八年，谋娶妇，辄不偶（不顺利）。既至普宁二年，每见县治（衙门）侧一民家女，及笄（jī，十五岁）矣，貌绝妍，非流俗比，数数（shuò，经常）窥之，女亦出入无所避。

遂遣人求婚，女家力拒之曰："我细民（小老百姓），以卖酒为活，女又野陋，不堪备妾侍，岂敢望此。"高意不自惬（qiè，满足），宛转开谕（yù），且以语胁之，竟谐其约。

洎（jì，等到）解印（不当官了），乃聘之以归，女步趋容止，绝似三娘，初不以为异也。

后询其年命，盖严州得梦之次日，其为杨氏后身无疑矣。

这样看来，洪迈相信另一个世界确实存在。然而，有些“妖魔鬼怪”真是那么回事吗？

它们的“原形”可能让你哭笑不得，比如下面这个故事——

吕安老（南宋初年的高官）尚书少时入蔡州学，同舍生七八人黄昏潜（偷偷地）出游，中夕（半夜）乃还。

忽骤雨倾注，而无雨具。是时学制崇严，又未尝谒（yè）告（提前跟老师申请），不敢外宿，旋（立即）于酒家假（借用）单布衾（qīn，被子），以竹揭（高举）其四角，负之而趋（快走）。

将及学墙东，望巡逻者持火炬传呼而来，大恐。相距二十余步，未敢前，逻卒忽反走，不复回顾。

于是得逾（翻过）墙而入，终昔惴惴，以为必彰露，且获谴（qiǎn，批评）屏斥（开除）矣。

明日，兵官申（汇报）府云：“昨二更后，大雨正作，出巡至某处，忽异物从北来，其上四平如席，模糊不可辨，其下谡谡（sù，挺拔的样子）如人行，约有脚三二十只，渐近学墙乃不见”。

郡守以下莫能测为何物，邦人口相传，皆以为巨怪，请于官，每坊各建禳（ráng，祈祷消除祸难）灾道场三昼夜，绘其状，祠而磔（zhé，割裂身体的酷刑，这里指砍成好多段）之。

《夷坚志》里不都是怪力乱神，活人的故事同样精彩——

绍兴十二年，京东人王知军（全称“权知军州事”，地方长官）者，寓居临江新淦（gàn）之青泥寺。寺去（距离）城邑远，地迥（jiǒng，僻远）多盗。

而王以多赀（zī，财产）闻，尝（曾经）与客饮，中夕乃散，夫妇皆醉眠。

俄有盗入，几三十辈（差不多有三十个），悉取诸子及群婢缚之。婢呼曰：“主张（做主、把持）家事，独蓝姐一人，我辈何预（参与）也！”

蓝盖王所嬖（bì，宠爱），即从众中出，应曰：“主家凡物皆在我手，诸君欲之，非敢惜。但主公、主母方熟睡，愿勿相惊恐。”

秉席间大烛，引盗入西偏一室，指床上箧笥（qiè sì，箱笼）曰：“此为酒器，此为彩帛，此为衣衾（qīn）。”付以钥，使称意自取。

盗拆被为大複（fù，带夹层的意思），取器皿蹴（cù，踩扁）踏，置于中。烛尽，又继之，大喜过望。凡（总共）留十刻许，乃去。

去良久，王老亦醒，蓝始告其故，且悉解众缚。明旦诉于县，县达于郡。
王老戚戚（忧惧的样子）成疾，蓝姐密白曰：“官何用忧，盗不难捕也。”
王怒骂曰：“汝妇人何知！既尽以家赀与贼，乃言易捕，何邪？”
对曰：“三十盗皆着白布袍，妾秉烛时，尽以灺（xiè，残烛）泪污其背。但以是验之，其必败。”
王用其言，以告逐捕者。不两日，得七人于牛肆（卖牛的店铺）中，展转求迹，不逸（逃跑）一人，所劫物皆在，初无所失。

感觉有趣或值得记录的，洪迈都会收进书里：朝野八卦、诗词、各地风俗、民间信仰、中药方子、算命解梦、骗局、巫术……

他的资料来源大概有两种：别人讲给他听和从各种书里摘抄。在故事最后，他经常会标明“予得之 XXX”或“XXX 说”，好显得更靠谱点。

古代文言小说最大的一部集子，可能是《太平广记》。它是宋太宗让李昉（fǎng，后来当到宰相）等十几个人编的，有500卷，六朝到宋初的作品几乎全收录了进去，按主题分成许多类：神仙、女仙、异人、豪侠、幻术、鬼、狐、悟前生……

《夷坚志》的篇幅跟它差不了太多，洪迈编这个大部头的时候，却是单枪匹马！

《夷坚志》其实是“连载”，包括初志、支志、三志、四志，每志按甲、乙、丙、丁顺序排列。

它刚问世就大受欢迎，按照洪迈的说法，当时的几个出版中心——临安、福建、四川、江西都刊印它，几乎家家有这本书。别人看到、听到好玩的事情，也会不远千里写信告诉他。所以他一直不缺素材，几十年都没“完结”。

这样当然也有问题：

“萝卜快了不洗泥”，数量大于质量，有些过于荒唐的东西也被收进来了。

同质化严重，关于因果报应、托梦之类的不少故事，都像一个模子里刻出来的……

遗憾的是，《夷坚志》散失了差不多一半，现在能看到的只有 200 来卷。

它被誉为“小说之渊海”，后世不少白话故事都从里面找灵感，稍微改改就变成了自己的东西。

根据南宋罗烨（yè）的《醉翁谈录》来看，想写好小说可没那么简单！

它“虽为末学，尤务多闻。非庸常浅识之流，有博览该（通“赅”，完备）通之理”。所以要打好基础，不光“幼习《太平广记》，长攻历代史书”，还得“《夷坚志》无有不览”。

明朝著名的短篇小说集“三言二拍”——冯梦龙编的《喻世明言》《警世通言》《醒世恒言》和凌濛初编的《初刻拍案惊奇》《二刻拍案惊奇》当中，直接或间接受《夷坚志》影响的就有 30 多篇，占到了快三分之一。

《水浒传》里，不少我们熟悉的故事也带着《夷坚志》的影子：李逵杀四虎、鲁智深醉闹五台山、智取生辰纲……

李逵杀四虎

鲁智深醉闹五台山

智取生辰纲

参考文献

[1] 金秋鹏 . 中国科学技术史：人物卷 [M]. 北京：科学出版社，1998.
[2] 江晓原 . 中国古代技术文化 [M]. 北京：中华书局，2017.
[3] 江晓原 . 中国科技通史：医学、算学、博物学 [M]. 南宁：接力出版社，2019.
[4] 闻人军 . 考工司南：中国古代科技名物论集 [M]. 上海：上海古籍出版社，2017.
[5] 骈宇骞，李解民，盛冬铃 . 武经七书（插图版）[M]. 北京：中华书局，2020.
[6] 戚继光 . 纪效新书 [M]. 北京：中华书局，2017.
[7] 李硕 . 南北战争三百年：中国 4—6 世纪的军事与政权 [M]. 上海：上海人民出版社，2018.
[8] 马伯英 . 中国医学文化史 [M]. 上海：上海人民出版社，2010.
[9] 于赓哲 . 唐代疾病、医疗史初探 [M]. 北京：中国社会科学出版社，2011.
[10] 袁珂 . 山海经校注（最终修订本）[M]. 北京：北京联合出版公司，2022.
[11] 刘宗迪 . 失落的天书：《山海经》与古代华夏世界观 [M]. 北京：商务印书馆，2006.
[12] 段成式 . 酉阳杂俎 [M]. 上海：上海古籍出版社，2012.
[13] 洪迈 . 夷坚志 [M]. 北京：中华书局，2006.
[14] 玄奘，辩机 . 大唐西域记校注 [M]. 北京：中华书局，2000.

喵懂中国典籍

农耕卷

聿知 文字撰写 王宸 叶金辔
编　　制 星球地图出版社

星球地图出版社
STAR MAP PRESS
国 家 一 级 出 版 社
全国百佳图书出版单位

图书在版编目（CIP）数据

喵懂中国典籍．农耕卷 / 王宸，叶金諮撰．-- 北京：星球地图出版社，2025．-- ISBN 978－7－5471－3008－7

Ⅰ．Z422-49

中国国家版本馆 CIP 数据核字第 20241QG165 号

责任编辑 张　越 高　帅
图书编辑 高　帅
排版设计 樊羽菲 高　芳
文字撰写 王　宸 叶金諮
封面设计 王　静
插画绘制 谢步平 王少波 程建新 支少卿 潘艺晶 周　磊
出版审订 郝　刚 左　伟

喵懂中国典籍（农耕卷）

出版发行　星球地图出版社
地址邮编　北京市海淀区北三环中路 69 号 100088
网　　址　www.starmap.com.cn
印　　刷　北京印刷集团有限责任公司
经　　销　新华书店
开　　本　285 毫米 ×285 毫米 12 开
版　　次　2025 年 3 月第 1 版
印　　次　2025 年 3 月第 1 次印刷
定　　价　199.00 元（全 7 卷）

联系电话：010-82028269（发行）、010-62272347（编辑）

目录

氾（fán）胜之书

农民的日子，向来不好过！

一年到头都要忙里忙外，抗风险能力也不行，碰上点什么天灾人祸，前面的辛苦就全白费了。

西汉早期，大臣晁（cháo）错在呈给文帝的《论贵粟疏》里，替他们抱不平：

“今农夫五口之家，其服役者不下二人，其能耕者不过百亩，百亩之收不过百石。

春耕，夏耘（yún，除草），秋获，冬藏，伐薪樵（砍柴），治官府（修理官府的房舍），给徭（yáo）役；春不得避风尘，夏不得避暑热，秋不得避阴雨，冬不得避寒冻，四时之间，无日休息。

又私自（个人的）送往迎来，吊死问疾（吊唁死者、看望病人），养孤长（zhǎng，抚育）幼在其中。

勤苦如此，尚复被（遭受）水旱之灾，急政暴虐，赋敛不时（不按时收税），朝令而暮改（早上下命令，晚上就要交）。

当具有者（拿得出粮食的农民）半贾（相当于“价”）而卖，无者取倍称（chèn）之息（以加倍的利息借钱）；于是有卖田宅、鬻（yù，出售）子孙以偿债者矣。”

怎么才能让他们活得安稳些？

一方面，指望“明君”的“仁政”：轻徭薄赋、奖励生产、不许有钱人兼并大片土地、尽量做到“耕者有其田”……

另一方面，发展农业技术！产量上去了，留在农民手里的口粮就能多一点。

战国“诸子百家”当中，农家的存在感并不低！

他们尊奉神农氏，生活简朴，主张“播百谷，劝耕桑，以足衣食”，代表人物叫许行，提出“贤者与民并耕而食”，也就是人人平等劳动。

《汉书·艺文志》里记载了好多种农家著作，可惜都早早失传了，只能在《管子》的《地员》和《吕氏春秋》的《上农》《任地》《辨土》《审时》几篇里找到蛛丝马迹。

我们这篇的主角《氾胜之书》也散佚了，幸好其他古籍摘抄过里面的内容，所以还有3700多字保留至今。

氾胜之何许人也？

对氾胜之（《氾胜之书》作者）的生平，我们根本没多少线索，只知道他生活在西汉晚期，家乡在氾水（属于山东）附近，成帝时当过议郎（皇帝的顾问），一心普及农业新技术，让关中地区实现了丰收，从而升为御史。

最早的“天府之国”，其实不是四川盆地，是关中平原！

周朝的先祖后稷（jì）就是在这片土地上，教百姓栽培各种作物，被尧和舜任命为“农师”。

秦国之所以能统一天下，不仅是因为历代君王拼命鼓励耕战，也是因为“根据地”关中特别富饶。

秦汉时期，关中的农业领先全国，不过已经出现了隐忧——人口越来越密集，许多农民无地可耕。

几乎找不到还没开垦的沃土，一直砍树造宫殿，水土流失严重。

之前的良田养分也消耗得差不多，退化了。

怎么办？

一方面，政府兴修了不少水利工程，像秦王政（统一天下以后，改称秦始皇）的郑国渠和西汉的龙首渠、六辅渠、白渠……灌溉跟上了，产量就容易提高。

另一方面，尽量改进技术，做到“用力少而得谷多”。

郑国渠示意图

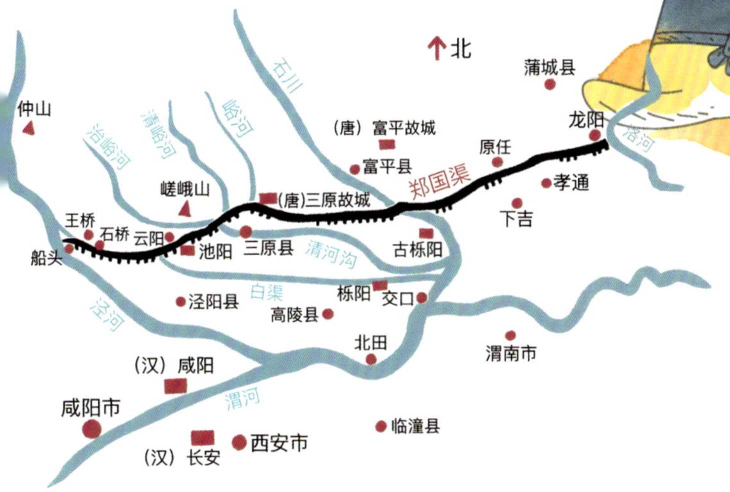

武帝末年，搜粟都尉赵过在关中和西北边郡推广“代田法”——

在一亩地里挖三条沟、堆三条垄（比较高的田埂）。

在沟里播种，出苗以后中耕（在一棵棵庄稼之间松土、除草），把垄上的土逐渐培到根部，这样的话，庄稼根就扎得更深了，能吸收更多水分，还能耐风、旱和抗倒伏。

第二年，让沟和垄的位置互换，轮番耕种，来保持土壤肥力。

每一步，赵过都稳扎稳打——

在离宫（皇帝不怎么住的宫殿）里的空地上试验，发现确实管用，每亩多收一斛（hú）以上，相当于增产两三成。

接着，培训“基层干部”和有经验的老农，让他们学会新技术，好去教更多人；先在属于官府的田地上推广，百姓看到了益处，开始模仿。

《氾胜之书》里有哪些“锦囊妙计”？

六十余年以后，氾胜之的思路也是想方设法提高单位面积产量。

他说，“神农之教，虽有石城汤池（护城河里都是热水，形容防御坚固），带甲百万，而无粟者，弗（不）能守也，夫谷帛实天下之命（粮食和布帛是维持国家生存和发展的基础）”。所以，研究农学是“忠国忧民之至”。

氾胜之用的是“区田法”，要“趣时，和土，务粪、泽，早锄，早获”，也就是说，在合适的时间播种，保证土壤疏松透气，认真施肥、灌溉，及时锄草，别等到庄稼熟过头才采收。

“区田法”叫这个名字，是因为要“掘地作区（ōu，穴或沟）”，将种子整整齐齐点播进去，密度得根据庄稼种类（比如说，麦子相隔两寸，大豆相隔一尺二寸），以及土壤肥力来决定。

“区田法”的一大优势是，“以粪气为美，非必须良田也。诸山陵近邑（yì）高危倾阪（bǎn，崎岖贫瘠的山坡）及丘城上，皆可为区田。”也就是说，能够扩大耕地面积，把之前觉得没法利用的角落都开发出来。

“区田法”实际上是在小范围内精细管理，集中施肥灌溉，还需要中耕，来实现间苗（幼苗过于拥挤的话，就除去多余的）、防冻、保墒（shāng，土壤适合种子发芽和作物生长的湿度）、增产。

古人早知道，种子好，收成才可能好。“嘉种”（jiā zhǒng，优良的谷种）的概念，《诗经》里就有了。
照什么标准挑选，氾胜之讲得清清楚楚：植株要高大强健、谷穗要饱满。

拿到种子以后，并不能直接往地里撒！

氾胜之指出，需要溲（sōu，浸泡）种，也就是说，将骨汁（把弄碎的马、猪、牛、羊、鹿骨加水煮沸）、蚕粪、兽粪、附子之类的材料，照一定比例混和，搅拌成稠粥状，拿去淘洗种子，然后晒干。他认为，这样可以防虫、抗旱、保证丰收。

溲种的确有科学道理——
可以靠附子的毒性，杀灭地下害虫。
让有机物附着到种皮上，幼苗期就不缺营养了，根系长得好，产量自然能提高。
现在的“种子包衣技术”跟它一脉相承，和普通药剂拌种相比，成本更低、有效期更长、对环境更友好。

《氾胜之书》里记载了禾、黍（shǔ，去壳以后叫黄米）、麦、稻、稗（bài，形状像稻的杂草）、大豆、小豆、枲（xǐ，大麻的雄株，不结果实，利用的是纤维）、麻、瓜、瓠（hù，类似葫芦）、芋、桑等作物的种法，教了好多小窍门。

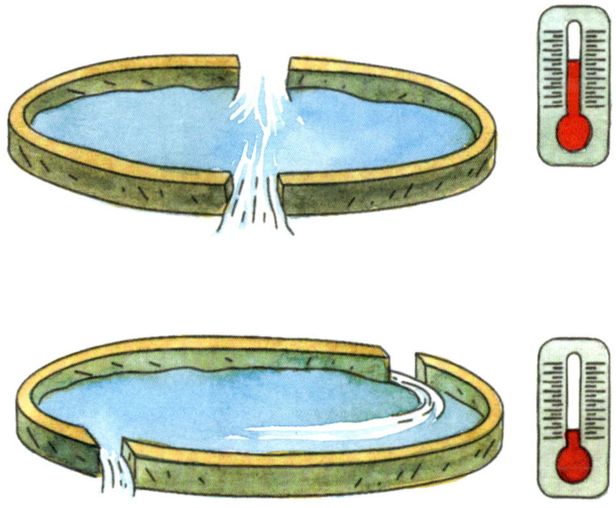

比如说，怎么调节稻田的水温？

关键在于进水口和出水口！

需要温度高一些的话，就将它们俩挖在一条直线上，新进来的水比较凉，走的路尽量短点儿，免得整片田温度下降。

反过来，就把它们俩错开，让水曲里拐弯流经整片田，带走热量。

怎么让瓠长得更大？

种下去十颗籽，等茎有两尺多了，就将这十根茎捆在一起，用布条缠起来，外面裹上泥，封好。过不了几天，它们就合成了一根茎。挑出强健的留下，其他藤蔓都掐掉。

有学者认为，在中国，这是嫁接技术的最早记载。

霜露可能会影响禾、黍的收成，怎么办？

平明（天刚亮）到日出这段时间里，两人各站一边，面对面拉条长绳，在整片田上刷一遍，抖掉霜露。

各类庄稼的顶土能力不同，种植深度也不同。

氾胜之观察到，种禾、黍时，应该覆土一寸，多了少了都不行；种麦时，应该两寸，还要在上面踩踩；种大豆时，“土不可厚，厚则项（脖颈）折，不能上达，屈于土中而死”。

大家觉得，稗不是好东西，总跟稻抢资源，所以小说又叫“稗官”，是登不了大雅之堂的意思。氾胜之却挺看重稗，为什么？

他说，它“既堪水旱，种无不熟之时，又特滋盛”，也就是说能抗旱涝，情况再恶劣都不会绝收，而且生命力强，所以“宜种之，备凶年”。

大豆也是，如果别的作物都歉收，可以拿它来“保底”。

后世农学家继承了他的备荒意识，都会研究——想在灾年活下去需要做哪些准备。

然而，“代田法”和“区田法”的影响力，都不如想象中大。

这是什么缘故？

“代田法”需要铁制农具和耕牛，太昂贵了。一头牛的价格，相当于五口之家半年到一年所需的粮食。农民一直在温饱线甚至生死线上挣扎，根本存不下什么钱，就算想试试新技术，也没有条件。

“区田法”需要的人力和肥料，都特别多。光是“作区”，每亩地就得三到四个劳动日。它的单位面积产量高，一定程度上也是由于投入高。有些农民觉得太麻烦，划不来。

不过，“区田法”终究是种希望——哪怕买不起牛和先进的农具、只有一小片不怎么样的田，都能靠精耕细作养活全家。

所以，历代对“区田法”进行过好多次尝试，有的是朝廷推动，有的是私人试验。可惜由于上面提到的“死穴”，就算成绩亮眼，也都没能大范围推广。

齐民要术

看到这个名字，你第一印象是什么？

之前有人拿它编了个灯谜“山东同志来取经”。其实，这个“齐”和齐国根本不沾边！

“齐民”是百姓的意思，“要术”是谋生方法的意思，加起来讲的就是，平民掌握了哪些知识和技术，才能把日子过得有声有色。

古代对百姓的称呼，你知道多少？

黎民、黎元——

“黎”的解释不止一种，可能通“黧”，指黑色。平民只能戴黑色的头巾，而且总在户外干活，风吹日晒，肤色黑得很。

黔（qián）首——

秦始皇规定，平民要叫这个。“黔”也是黑色的意思。

庶民、庶人——

“庶”有众多的意思。

布衣——

古代衣食住行等级森严，即使再富有也不能为所欲为。而平民没权也没钱，穿不起锦绣，只能用粗糙的麻布做衣服。

白丁、白身——

指没有取得功名，或者没有学问的人。

《齐民要术》的作者，是“后魏高阳太守贾思勰（xié）”。
“后魏”就是鲜卑人建立的北魏，“高阳”是现在的山东淄（zī）博一带。
遗憾的是，关于他身世的直接记载，各种史书上完全找不到！
学者们下了不少功夫考证，总算有了点收获。
贾思勰是青州益都（现在属于山东寿光）人，出身世家。直到今天，寿光的蔬菜大棚都全国闻名。

据推测他出生于孝文帝延兴三年（473 年），在孝武帝永熙二年（533 年）到东魏孝静帝武定二年（544 年）写出了《齐民要术》，享年超过 70 岁，也许活到了北齐时期。

青少年时期，他赶上了孝文帝实行改革的“太和盛世”，后半生却眼睁睁看着北魏由盛到衰、由统一到分裂，战火纷飞。

《齐民要术》“起自耕农，终于醯（xī，醋）醢（hǎi，肉或鱼做的酱），资生之业，靡不毕书（所有与民生有关的行业和技术都详细记录下来）”，是中国古代农业的“百科全书”。

它记录的其实是黄河中下游地主田庄的情况——

农业、畜牧业、手工业齐全，不光有耕地和宅子，还可能有山林、池塘之类。

种着粟、黍、大小麦、豆等粮食，瓜、葵（不是明朝末年才自美洲传入的向日葵，是冬葵，在古代相当重要）、韭、葱、蒜、芜菁（jīng，也叫蔓菁，俗称芥菜疙瘩）等蔬菜，胡麻、红蓝花（可以做化妆品和染料）等经济作物，枣、桃、梨等果树，松、柏、桐、漆、榆、桑等林木。

养着马、牛、羊、鸡、狗、猪等家畜和家禽。

织布、做衣服鞋帽、磨面、配药、酿酒、生产饴糖和酱醋都可以在田庄里完成，自给自足，不出门也没问题。

产品却未必都由自己人吃掉用掉，会往外卖，有些地主还做生意、放高利贷。

自汉朝起，读书人就把在家务农当成不做官时的主要谋生手段。所以“四民”的排序是士农工商，种田（或者指挥别人种田）算得上光荣的职业。

东汉的崔寔（shí）写了本叫《四民月令》的“备忘录”，列出了一年到头田庄里要做的事情：
二月，可粜（tiào，卖出粮食）粟、黍、大小豆、麻、麦等，收薪炭。
三月，可粜黍，买布。
四月，可籴（dí，买进粮食）面及大麦、弊絮。
五月，可粜大小豆、胡麻、穬（kuàng，有芒的谷物）麦、大小麦，收弊絮及布帛。
六月，粜大小豆、麦，收缣（jiān，双丝的细绢）练。
八月，粜种麦，籴黍。
十月，卖缣、帛、弊絮，籴粟、豆、麻子。
十一月，籴秔（jīng，不怎么黏的品种）稻、粟、豆、麻子。
而十二月和一月天气寒冷，无法耕作，就在家里“猫冬”（这些月份指的都是农历）。
《四民月令》已经失传了，还好贾思勰很欣赏这本书，在《齐民要术》里引用了不少它的内容，才保存至今。

北魏孝文帝重视农耕，颁布了“均田令”：

由于多年战乱，百姓流离失所，大片土地荒芜。政府把这些土地分配下去，不管是平民还是奴婢，十五岁以上的男子授露田（种粮食的）四十亩，女子二十亩。此外，男子授桑田（种桑、榆、枣的）二十亩。产麻的地区还授麻田。

露田和麻田禁止买卖，年老不能种地或去世的话要还给国家。而桑田是“世业”，可以传给子孙。

当时赋税也不重，一对夫妻每年只需要上交帛一匹、粟二石。百姓有了指望，安居乐业，国家渐渐恢复了元气，仓库也塞得越来越满了。

贾思勰为什么要写《齐民要术》？

后半生，贾思勰一直怀念那个“黄金时代”。在他看来，社会动荡是由于百姓穷困，缺吃少穿。而之所以会这样，原因是农业荒废——

一方面统治者不重视，缺少“良相”；另一方面，百姓也不勤恳干活。

他写这本书，是想以前代那些鼓励农耕的好官为榜样，推广“益国利民”的“不朽之术”，给百姓指出一条温饱之路。它同样是针对朝廷种种弊病开出的“药方”。

不过贾思勰相当谦虚，在序言里说：“鄙意晓示家童，未敢闻之有识，故丁宁（嘱咐）周至，言提其耳，每事指斥，不尚浮辞。览者无或嗤焉。”（把我浅薄的意思告知仆人，而不敢去向有识之士请教。所以行文风格翔实周到，没有什么漂亮的空话。请读者别嘲笑我。）

《齐民要术》最关心的是什么？

答案是怎样提高产量。

贾思勰指出：“顺天时，量地利，则用力少而成功多。任情返道，劳而无获”。也就是说，要尊重和掌握自然规律，不能由着性子乱来。

在他看来，干农活的基本原则是“因地制宜”和“因时制宜”。

不同庄稼喜欢的土壤也不同——

大豆不能种在太熟的地里，否则看起来茂盛，却结不了多少果实。

“地无良薄，水清则稻美”。

“胡荽（suī，就是香菜）宜黑软青沙良地，三遍熟耕”。

姜适合白沙地……

对各种农活，他都给出了三个日子：最好的“上时”、差一点的“中时”、不能再拖的“下时”。

比如说，种瓜的三个日子依次是二月上旬、三月上旬、四月上旬；给桑树剪枝的三个日子依次是十二月、正月、二月。

“地”和“时”也可以结合起来。他观察到，“良田宜种晚，薄田宜种早。良地非独宜晚，早亦无害；薄地宜早，晚必不成实也”。

提高产量的一个好办法，是复种轮作。也就是说，同一块田里，不同作物在一定年限内按顺序轮着栽种。
和连作（前后两季栽种同样的作物）相比，这样可以均匀利用土壤养分、调节土壤肥力、防治病虫害。
据相关史料推测，战国时期，轮作已经出现了。不过直到汉朝还需要休耕，也就是什么都不种，让土壤自己恢复。

《齐民要术》里记载了20多种轮作组合，比如说，“凡谷田，绿豆、小豆底（前面栽种的作物）为上，麻、黍、胡麻次之，芜菁、大豆为下”。

豆科植物可以当作绿肥，它们长出来以后，直接犁进田里，再种谷子，就“亩收十石”。

而且他发现，麻如果连作，会出现茎叶早死的问题，其纤维不能用来织布。

这样一边用地一边养地，基本不必休耕，土地利用率、单位产量都上去了。

欧洲也实行轮作，不过没这么精细。8世纪以前主要是二圃制，一半种粮食，一半休耕。到中世纪发展出了三圃制，1/3春播（大麦、燕麦、豆类）、1/3秋播（小麦、黑麦）、1/3休耕。

贾思勰还清楚不少间作套种的秘诀，也就是说，在同一块田里按一定的行、株距和占地宽窄比例，栽种不同作物。

在桑树下种芜菁，葱旁边种胡荽，槐树育苗时和麻子一起撒播……

间作套种可以充分利用空间和资源，这些作物是“互补”的，不会为了上述资源抢破头，还可能制约彼此的病虫害。

而且，他强调要选择具备这些特征的“嘉种”：早熟或晚熟、耐旱、耐风、抗病虫害……

他发现，“收少者美而耗（减损、歉收），收多者恶而息（繁衍、滋长）”，即产量和质量经常不可兼得，要根据实际情况取舍。现在育种时，照样绕不开这个问题。要合理规划、精耕细作。

贾思勰不光擅长种田！

蔬果园艺、蚕桑、饲养畜禽和鱼、兽医、制作各种副食品（酒、豉、酪等等），《齐民要术》里都给出了秘诀。

比如说，嫁接。

这是一种无性繁殖的方式，让一种植物的枝或芽长到另一种的茎或根上，形成完整的植株。接上去的叫接穗，被接的叫砧木或台木。

嫁接能保存接穗的优良性状，又能利用砧木的特点，“强强联手”，让果树更耐寒、耐旱，提高产量。

他重点讲了梨的嫁接——

接穗和砧木的亲缘关系越近，成活率就越高。如果选择棠，结出来的梨就大，而且果肉细密；如果选择不同科的枣或石榴，就没那么靠谱，“虽治十，收得一二也”（大意是付出很多努力，但收获很少）。

接穗和砧木切面也要紧密贴合，“木还向木，皮还近皮”，意思是木质部对着木质部、韧皮部对着韧皮部。

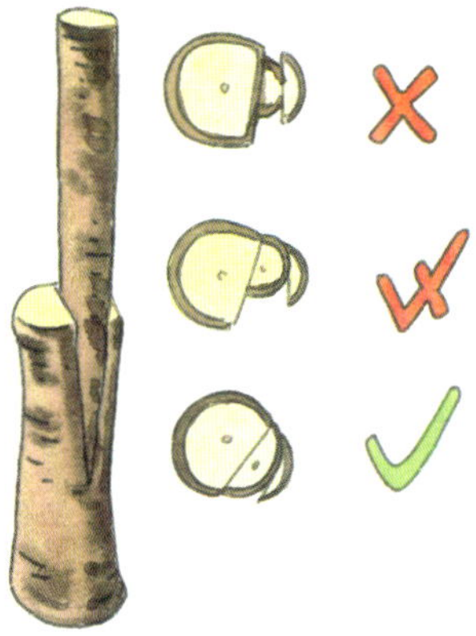

《齐民要术》还是本“菜谱”！

里面提到了“炒鸡子法”——

“打破，著铜铛（chēng，平底浅锅）中，搅令黄白相杂。细擘（bò，掰、剖）葱白，下盐米、浑豉，麻油炒之，甚香美。”

不过，这道“炒鸡蛋”可能更像摊鸡蛋饼，真正意义上的炒菜要到宋朝才出现，可能是因为以下几点原因：

冶铁技术在宋朝有了显著发展，百姓终于可以用上价廉物美的铁锅了。

唐宋时期，植物油才开始普及，之前能吃到的主要是动物油，不适合炒菜，数量也没那么多。

《齐民要术》里的烹饪方法，大多是煮和炙（烧烤）。

比如说，灌肠法——

“取羊盘肠（就是大肠），净洗治。细锉羊肉，令如笼肉（作馅用的肉）。细切葱白、盐、豉汁、姜、椒末调和，令咸淡适口，以灌肠。两条夹而炙之。割食，甚香美。”

今天我们吃的香肠，和这是不是有点类似呢？

贾思勰为什么懂这么多？

他自己在序言里“坦白”，有四个窍门。

首先是“采捃（jùn，摘取）经传”，也就是收集历史文献中的农业科技知识。好好继承了遗产，才能创新。

《齐民要术》里引用了150多种前人著作，但并不迷信它们，正确的沿用，错了的纠正。例如《氾胜之书》中介绍，种黍要“欲疏于禾”，然而贾思勰观察了黍的生长习性，发现需要密植，才能提高产量、让黍粒更白也更饱满。

再是“爰（yuán）及歌谣”，也就是参照劳动人民的心得。

农夫参加实际生产，创造了很多科技知识，但是他们没机会认字，也不会写书，只能通过简短好记的“农谚”，把经验传给下一代。

还有“询之老成”，也就是请教专家，可能是农夫，也可能是关心这些事务的知识分子。

最后是“验之行事”，也就是亲自参加生产，细致地观察、调查、分析，归纳出结论。

贾思勰养过二百只羊，虽然食物充足、没生病，却死了一大半，活下来的也非常瘦弱。他百思不得其解，问了经验丰富的人才知道，他将饲料都丢在羊圈里，任它们在上面踩来踩去、大小便，这样是不行的。羊不吃弄脏了的东西，等于活活饿死。

他将羊圈打扫干净，又调整了公羊和母羊的比例（2:8，如果公羊太多，容易出现混乱），终于把羊养得膘肥体壮。

《齐民要术》是现存最早、最完整的农书，承前启后，给农学开创了新局面。

中国古代的农书有两类，一类是无所不包的综合性农书，另一类是题目比较小的专业农书：农具、水利、蚕桑、野菜、救荒、治蝗……

综合性农书规模大、范围广、学术水平通常比较有保证，所以分量更重。

除了《齐民要术》，最关键的有四部：元朝的《农桑辑要》和《王祯（zhēn）农书》、明朝的《农政全书》、清朝的《授时通考》。

哪怕相隔千年，在它们身上都能看到《齐民要术》的影子，不管是全书资料来源还是内含的项目、体例。

古时候（特别是宋代及以后）的农耕，和工商业关系也比较密切。在纳完税并留出口粮、种子的情况下，农民会把多余的粮食拿到市场上卖，好换回自己需要的其他东西。到了明清，在长江三角洲等商品经济相对发达的地区，有些农民逐渐“市场化”了，种的主要是经济作物，赚了钱再去买粮食吃。

王祯农书

北方和南方农业的差异，你能想到多少？

以秦岭－淮河一线为界，北方旱田多，南方水田多。

北方主要种小麦，南方主要种水稻。

北方一年一熟或两年三熟，南方一年两到三熟。

常见的水果不一样，北方是苹果、梨、桃、枣，南方是柑橘、香蕉、枇杷、杨梅。

……

第一部把北方和南方都讨论到并总结全国范围内生产经验的农书，是《王祯农书》。前面提到的《齐民要术》重点是北方旱地种植技术，两宋之交陈旉（fū）的《农书》更关注南方水田。

王祯的朋友戴表元在给这本书的序里说，“顾旧农书有南北异宜而古今异制者，此书历历可以通贯”。也就是夸它相当全面，把古今积累的知识、南方和北方的生产经验都整理清楚了。

王祯字伯善，生活在元朝，是中书省东平路东平县（现在属于山东省）人。

成宗元贞元年（1295 年），王祯任江浙行省宣州旌德（现在属于安徽省）县尹。六年以后，调任信州永丰（现在的江西广丰）县尹。

他勤勤恳恳，坚持让每家农民都栽几棵桑树，种上麻、水稻、小麦之类，用合适的方法，及时播种、耕耘、收获。

同事们觉得王祯“多事”，都笑话他。农民一开始也不爱搭理他，觉得祖祖辈辈不都这么种田，还用教什么？

然而王祯一直没有放弃，帮助百姓，却不过分打扰他们。

秋后一看，谁听他的，谁收成就好，王祯要面临的阻力就没那么大了。

不出三年，王祯就让大家过上了更好的日子。《旌德县志》中表扬了他的功绩：“种种善绩，口碑载道”。

元朝的建立者是蒙古人，他们来自北方草原，习惯了游牧，对种田非常陌生。

然而，元世祖忽必烈登基以后，下诏“国以民为本，民以衣食为本，衣食以农桑为本”，设立大司农司，专门掌管农田水利，鼓励大家耕地织布。

至元十年（1273 年），大司农司编纂了《农桑辑要》，它是中国现存最早的官修农书，被颁发到全国各地，指导人们如何在多年战乱后恢复生产。王祯自己写农书时，就引用了里面的很多资料。

元朝废除科举，文人没了这条青云路可走，想要出人头地，实在难上加难。

所以，他们和下层百姓的距离很近，有的去写杂剧散曲，有的去写农书。戴表元就说，儒者要是不得已，“宁退而躬耕野间，为农以毕世”。这样能帮上大家的忙，也对得起自己的良心。

仁宗皇庆二年（1313 年），王祯倾注十几年心血以后，《王祯农书》总算完成了。

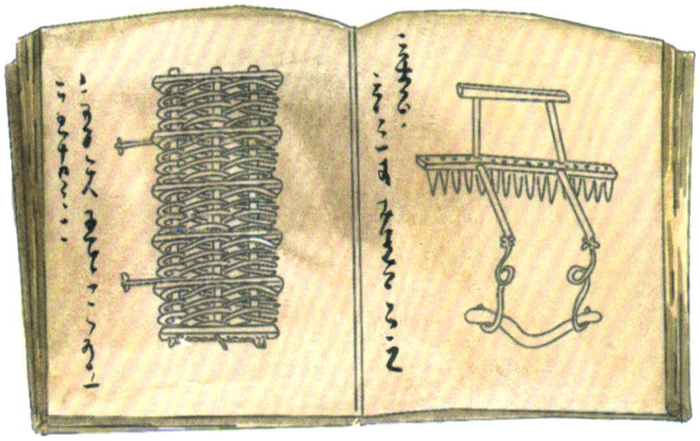

这本书的厉害之处在哪里？

它有三部分——

“农桑通诀”是农业生产科技各方面的整体说明，不光将开垦、播种、施肥、收获、储藏全过程顺了一遍，还教大家该怎么照料家畜禽鱼、种果树、采桑养蚕。

“百谷谱”把各种作物分成好多类，比如说“蓏（luǒ，草本植物的果实）属”，具体介绍了谷物、蔬菜瓜果、棉花、茶叶等等的栽培技术。

“农器图谱”是一大亮点！其中收录了 105 种农具，分成二十门，全书共有 306 幅插图，“农器图谱”就占了 200 多幅，把原理、构造和使用方法都讲得清清楚楚。

之前的农书大多主要是文字，传授经验还好，介绍大家没见过的农具就不够了，容易看得一头雾水。《王祯农书》图文并茂，哪怕是没怎么念过书的老农也能搞懂。

当县尹的时候，王祯就在推广农具上花了不少心思，给百姓画了锄、耧（lóu，播种用的，前边牵引，后边人扶，可以同时完成开沟和下种）、耙（pá，平整地面、打碎土块、消灭杂草用的）等等的图样，让他们照着做出来。

他在书里“既述旧以增新，复随宜以制物”，同时关注历史文献和现实中的发明创造，介绍的农具还有镈（bó，除草用的小锄头）、钱（不是货币的意思，类似铲子）、铚（zhì，割谷穗用的短镰刀）、钁（jué，类似镐头，挖土用的）、锸（chā，铁锹）、连枷（长木柄上装一排木条或竹条，打谷脱粒用的）……

耧

他的“农具”范围很广，不光包括纺织器械、灌溉工具，连蓑笠（挡雨遮阳用的）、杵臼（舂，捣粮食用的；舂，chōng）、仓廪（库房和地窖）、鼎釜（炊具）、舟车这种沾点边的都算上了。

锸

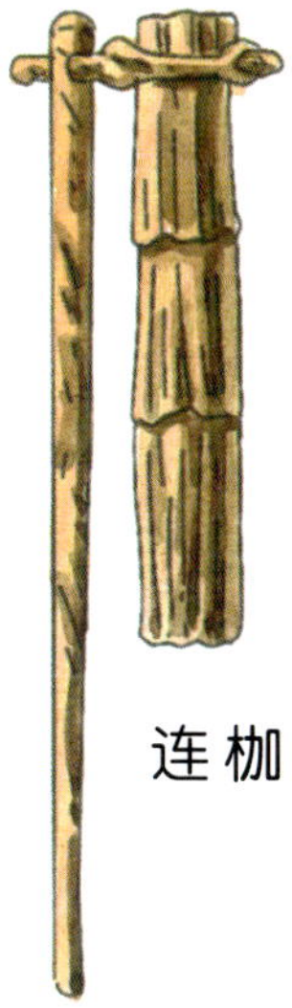
连枷

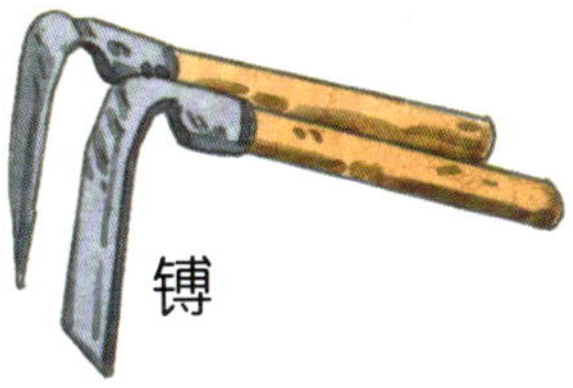
镈

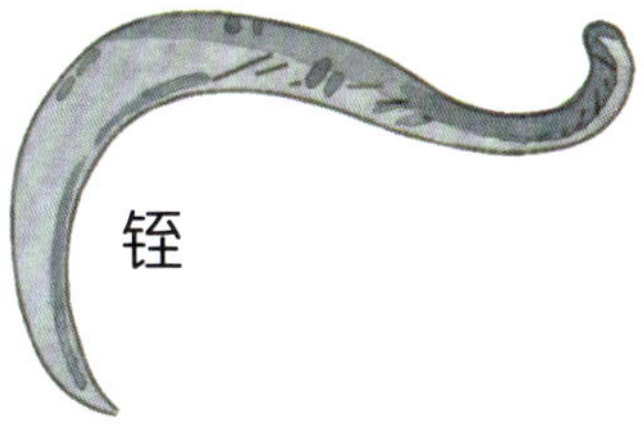
铚

笠

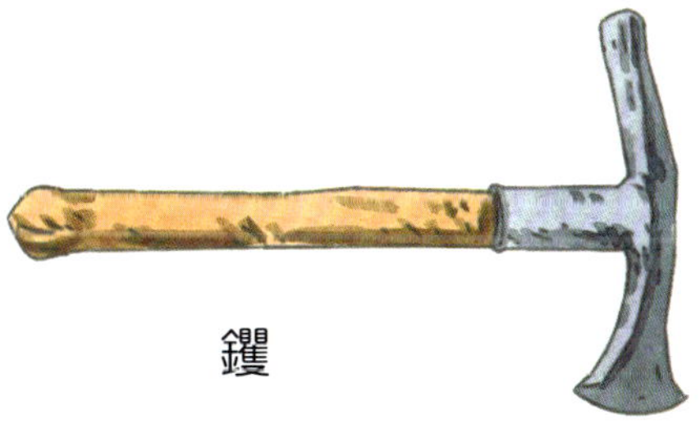
镢

蓑

仓廪

王祯通晓机械原理，复原了不止一种失传已久的农具。

早在春秋时期，人们就发明了鼓风炉，用来冶炼金属。皮囊开开合合，吹进炉子里的空气越多，温度就越高，热效率、产量也会跟着上升。

一座炉子要用好几个皮囊，连成一排，又叫“排囊”。

水 排

排 囊

立轮式水排

东汉时期，南阳太守杜诗发明了靠水流带动排囊的工具——水排，“用力少，见功多，百姓便之”。到了三国时期，它又经过魏国人韩暨（jì）改造，和马力鼓风相比，“计其利益，三倍于前”。

可惜这种“神器”早就失传了，在史书上也只有寥寥几笔。王祯“多方搜访”，深入民间观察鼓风技术，终于摸清了结构和操作方法，画出了立轮式和卧轮式水排的图样。

他还做了进一步的技术改良，将鼓风用的皮囊换成木扇（简单的风箱），就更加省事了。

卧轮式水排

王祯为什么能写出这样一本农书？

他在北方长大，家乡东平的农业传统、文化基础都很深厚；又在南方做官，和百姓接触多，对当地的生产技术也很熟悉。

而且，元朝实现了统一，疆域辽阔。如果像南北朝或宋金对峙时那样，在四分五裂的情况下，想走遍全国都不大可能，更别说整理和推广相关知识了。

在书里，王祯经常把南北方不同农具的用法、栽培技艺列在一块儿，“备载于篇，庶（希望的意思）善稼者相其土宜，择而用之”。

他还画出了“授时指掌活法之图”，跟日历配合，照四季、十二月、二十四节气、七十二候给农事活动排序，什么时候该干什么都清清楚楚。

不过他强调，要考虑地势高下、寒暖、土质等等，根据实际情况校正，太死板可不行！

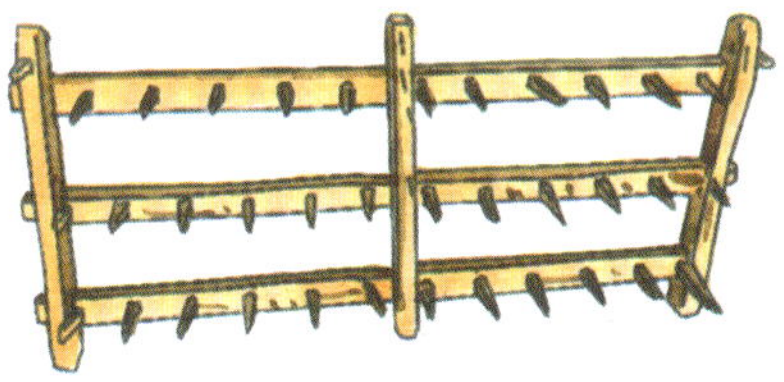
旱田耙

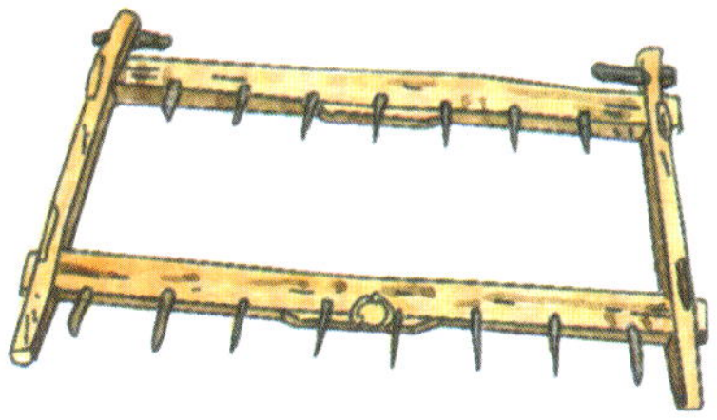
水田耙

耕地

耙地

耱（mò）地

王祯也很有先见之明，相当看重刚刚推广的一种作物——棉花。

棉花不是中国原产。它虽说在西北和南方偏远地区早有种植，元朝以前却只是点缀，抢不了麻布和丝绸的风头。

直到乌泥泾（现在属于上海）的黄道婆自崖州（今海南省三亚市崖州区）将黎族的整套技术带回家乡，棉纺织业才在松江府乃至长三角发展起来，出现了“衣被天下”的盛况。

“百谷谱”里专门有一条“木绵”，表扬它可以让人们“不蚕而绵、不麻而布”“兼代毡毯之用”，产品质量好，种植加工又“省便”，潜力非常大。

有人不看好棉花，觉得它换了水土种不活。王祯却发现，在福建、陕西等“落户”的棉花长势都不错。

所以他说，对新作物不能畏畏缩缩，虽说自然条件确实差挺多，然而只要方法对、认真照料，一分耕耘就会有一分收获。

《王祯农书》最后有一篇“造活字印书法”，看上去和农业没关系，为什么会搁在这里呢？

他当旌德县尹时，已经在写农书了，担心字数太多，雕版印刷有困难，就让人制作了木活字，“二年而工毕。试印本县志书，约计六万余字，不一月而百部齐成，一如刊板（也就是雕版印刷）”，效果相当不错。

当时怎样用木活字印书？

第一步，刻字。把字照韵部写在纸上，再贴到木板上，让工匠一个一个刻出来，“之乎者也”这些助词以及数字、常用字要多刻一些。

第二步，锯字和修字。把木板上刻好的字锯开，修理齐整，高低大小都要保持一致。

第三步，造轮贮字。把木活字嵌到“木盔”（专门的容器）里，用竹片行行夹住，摆满，轻轻塞上木屑固定。用轻木做两个直径七尺、可以绕着轴转的轮盘，一个照韵部分格编号，将用木盔装好的字摆到相应位置；另一个存放“杂字”。人坐在中间，“左右俱可推转摘字。盖以人寻字则难，以字就人则易，此转轮之法，不劳力而坐致（坐着就能不费力地完成）”。

第四步，排字。一个人念编号，另一个人将对应的字找出来，依次排到四边有栏的平板上。如果缺了哪个字，就立马刻一个补上。

第五步，刷印。准备一些小竹片，如果哪个字不平整，就垫起来。拿棕刷蘸墨，“顺界行竖直刷之”，不可以横着。最后把纸盖上去，也“顺界行刷之”。用完以后，把木活字取下来，照韵部放回原处。

这套木活字有三万余个，王祯很爱惜，调任永丰县尹时把它带走了。书写完以后，他本来准备用木活字排印，上级官府却决定用雕版，只好“故且收贮，以待别用”。

不过王祯觉得，“古今此法未有所传，故编录于此，以待世之好事者，为印书省便之法，传于永久”。

然而在元朝，《王祯农书》可能没有刻本或只有不完整的（只有“农桑通诀”和“农器图谱”两部分），有“百谷谱”的都是传抄本。到明朝嘉靖年间，《王祯农书》的刻本在民间才流行开来。

哪怕得靠手抄，它的影响力都不能小看，风头甚至盖过了《农桑辑要》。

《王祯农书》集古代人畜水力农具器械之大成，后来的《三才图会》《农政全书》《古今图书集成》《授时通考》当中，相关插图几乎都源自它。

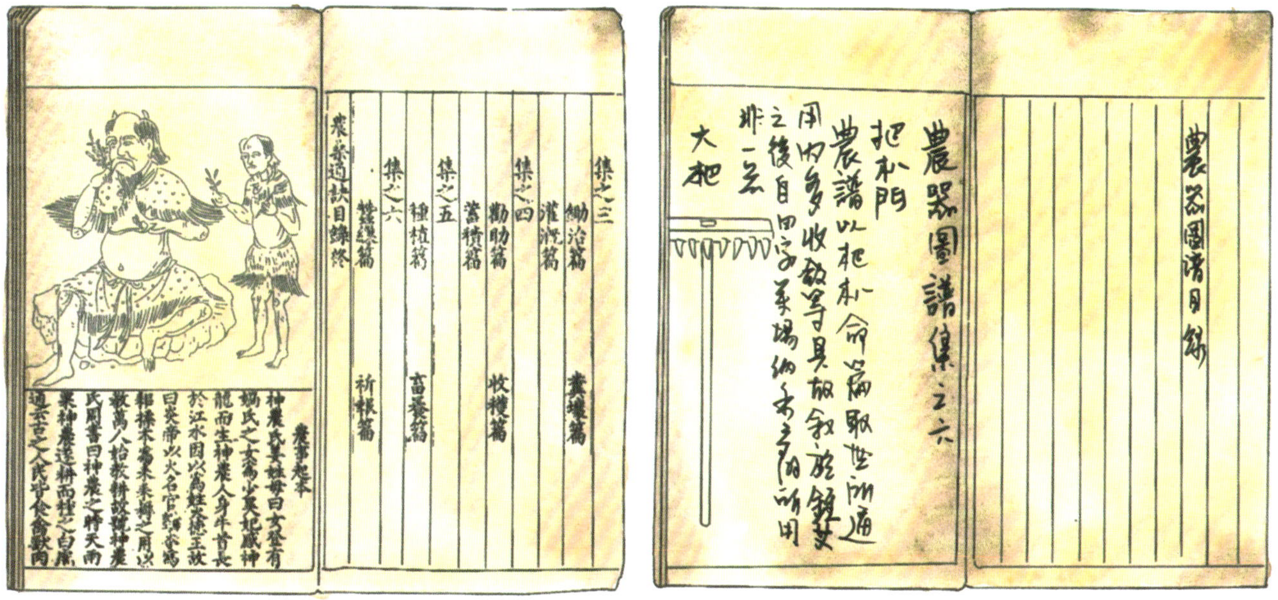

喜欢的、擅长的、需要去做的事情，如果这三个是一样的，就再幸运不过了。

可是，如果它们“打架”了，你会怎么选？

四百余年前，明朝大科学家徐光启给出了自己的答案。

徐光启这一生有多不容易？

徐光启字子先，嘉靖四十一年（1562 年）生于南直隶松江府上海县。祖父曾经做生意致富，不过后来家道中落，父亲重新开始务农。

少年徐光启聪明活泼，别人表扬他“章句、帖括（背诵儒家经典，也指八股文）、声律、书法均臻佳妙”。在龙华寺念书时，他总爱爬到塔顶上，“与鹳争处，俯而嘻”（和鹳鸟抢地方，俯视下去，感叹不已）。

万历九年（1581 年），他中了秀才，“便以天下为己任，为文钩深抉（jué，选取的意思）奇（探索深奥的学问，选取新奇的观点），意义自畅”。

然而，哪怕再天赋异禀，人生也不会一帆风顺……

万历十年起，徐光启几次去考举人，都落榜了，只好以教书为生。

祖母去世、自然灾害不断、家境每况愈下，这段日子里，他颠沛流离，先后去了广东韶州、广西浔州，非常辛苦。

万历二十五年，他又进京应试，本来已经被刷掉了，结果主考官焦竑（hóng）在落第卷子里发现了他的，非常欣赏，定为第一名。

焦竑能慧眼识徐光启，可能是由于两个人都注重经世致用，觉得文章学问应当“益于德，利于行，济于事”。

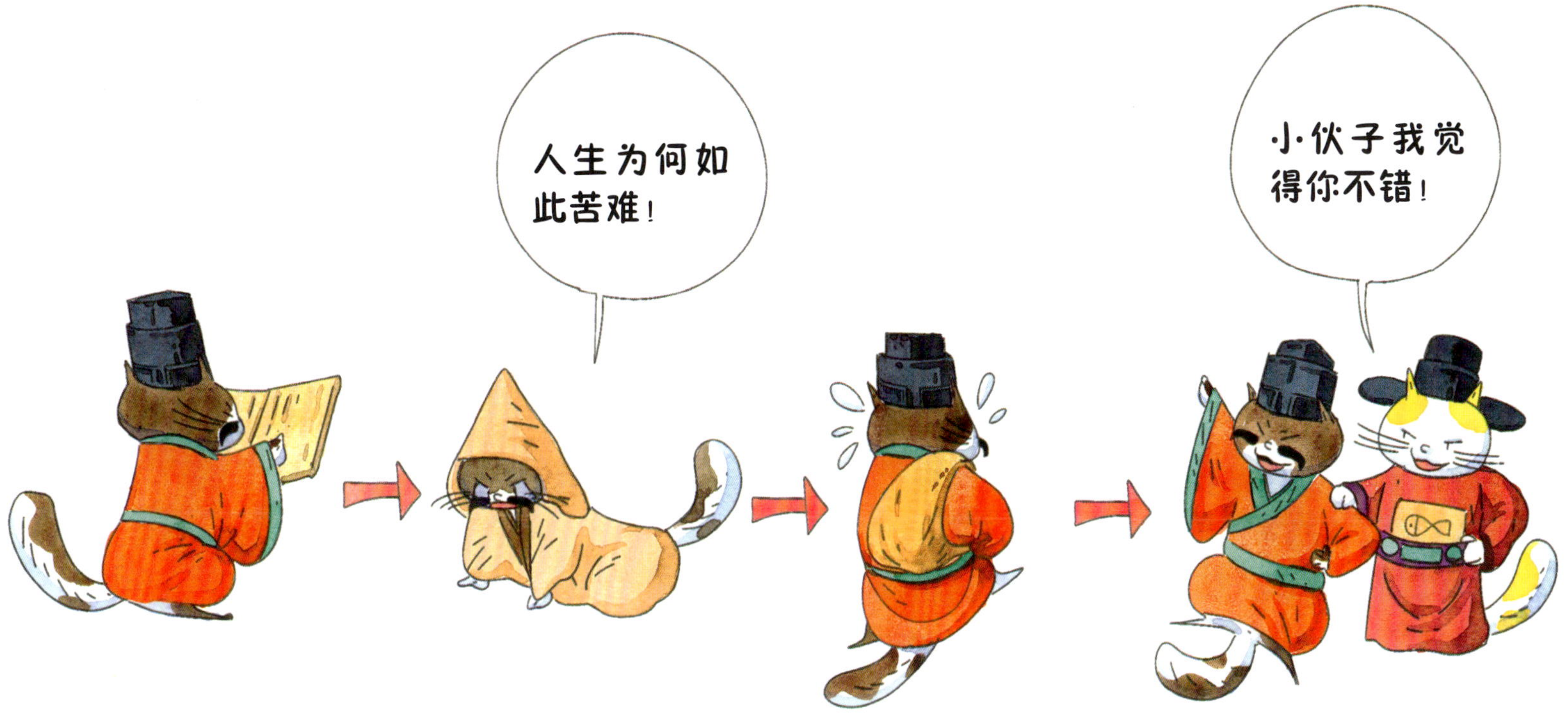

徐光启就这么时来运转了，踏上青云大道吗？不，并没有这么轻松简单，他还要经历一次次磨炼……

不久以后，焦竑被弹劾，丢了官。第二年徐光启去考进士，又落榜了，于是回到家乡，一边继续教书，一边涉猎古今、钻研实际问题。

万历三十二年，徐光启终于中了进士。在科举这条路上，他整整折腾了二十三年。

和很多书生一样，步入仕途以后，徐光启“变了个人”，不过是往好的方向。

他曾经“学声律，工楷隶，及是悉弃去，（专）习天文、兵法、屯、盐、水利诸策，旁及工艺数学，务可施用于世者”（强调徐光启重视经世致用）。

还有人记载，他一当官就“身任天下，讲求治道，博极群书，要诸体用（事物的本质和功能）。诗赋书法，素所善也，既谓雕虫不足学，悉屏（bǐng，排除的意思）不为，专以神明（精神和智慧）治历律兵农，穷天人指趣”。身为多才多艺、兴趣广泛的“文艺青年”，他当官以后，面对晚明的烂摊子，钻研的却全是服务于社会的实用技能。

人一辈子太短，不得不学着取舍。如果认准了必须要做的事，别的就顾不上那么多了。

徐光启是个“全才”，在天文历法、数学、军事技术上成就都不小。他后半生的起起落落，得看《数学卷》里讲《几何原本》的那篇，现在先聊聊他在农业上的功劳。

徐光启不光搜集了前人留下的许多农业资料，还开辟了“试验田”，亲自耕种。这样的动手能力，在读书人当中很稀有。

他的农学研究，大多是在仕途没那么顺畅时“插空”进行的。在他眼里，能做点实事就够了，功名富贵没那么要紧。别人也说：“此老迂（yū）憨，勇于任事而不顾利害”。

万历三十五年（1607 年），父亲去世，徐光启照规矩回家乡守孝。

这两年多里，他并不清闲，一直忙着引种农作物，写了《甘薯疏》《芜菁疏》《吉贝（木棉的别名）疏》等等。

万历四十一年，由于在朝堂上跟一些大臣意见不合，徐光启称病告假，离开了京城。

此后五六年里，他在天津做了许多农业实验，还在房山、涞（lái）水两县屯田，开渠种稻，写了《宜垦令》《农书草稿》（又叫《北耕录》）等等，为编纂《农政全书》打好基础。

万历四十六年（1618 年），徐光启被重新起用，天启三年（1624 年）升任礼部右侍郎，可是当时宦官魏忠贤专权，他不想同流合污，于是遭到弹劾，皇帝下诏命他“冠带闲住”（保留待遇，剥夺实权）。

丢了官以后，他又回到上海，把精力集中在《农政全书》上，系统性地整理、增订、批改多年积累的资料，日夜笔耕，大概在天启七年（1627 年）完成了初稿。

崇祯皇帝继位以后，重用徐光启。他一直当到礼部尚书，入阁拜相。

那时候国势江河日下，他白天要处理的事务堆成了山，“手不停挥，百尔焦劳”；晚上忙着修改历法，“一根蜡烛两头烧”。

崇祯六年（1633 年），徐光启病危，卧床不起，“犹矻矻（kū，勤勉不息的样子）捉管（握着毛笔）了历书”，而且嘱咐家人“速缮成《农书》进呈，以毕吾志”。

十月初七，徐光启去世。御史说他“盖棺之日，囊无余赀（zī）”，皇帝又惋惜又感动，给他“文定”的谥号。

不过，徐光启心心念念的《农政全书》直到崇祯十二年才刊印。他的门生陈子龙（后来成为抗清义士）修订了初稿，“大约删者十之三，增者十之二”。

《农政全书》共分 12 目 60 卷：

农本 3 卷、田制 2 卷、农事 6 卷、水利 9 卷、农器 4 卷、树艺 6 卷、蚕桑 4 卷、蚕桑广类（木棉、麻）2 卷、种植（主要讲经济作物）4 卷、牧养 1 卷、制造（食物、房屋）1 卷、荒政 18 卷。

历代农学家当中，徐光启大概是官位最高的，所以格局也开阔。其他农书基本只讲农业技术，不涉及农政措施。

“农政”是怎么回事？

在政策层面指导农业生产，包括垦荒、水利、荒政等等。

徐光启主张，“富国必以本业，强国必以正兵”。他亲自种田，其实跟研究西方火器、督练新军一体两面，都是为了“安国家而厚苍生”。

《农政全书》约有 70 万字，“杂采众家”又“兼出独见”，引用了 225 种文献，其中 6 万字左右是徐光启原创，大家对这部分评价非常高：“人间或一引先生独得之言，则皆令人拍案叫绝”。

魏晋以来，经济重心逐渐南移，都城在北方，农业却要靠南方，“脱节”了。

所以，朝廷每年都得“南粮北调”，在漕运上花一大笔钱，过程麻烦，官吏层层盘剥，百姓不堪重负，国家财政也很吃亏。

徐光启坚持，想治本就必须扭转这种严重的不平衡，让北方赶上来。

具体要怎么做？

让抛荒的土地恢复生产！

如果土地条件适合耕种，直接解决劳动力和资金问题就 OK：从地少人多的区域移民过来、在税收等方面出台优惠政策……

如果条件不适合耕种，就试着改造！

可以靠水利——

徐光启说，水“弃之则为害，用之则为利”。兴修水利，在西北是“雪中送炭”，也有助于巩固边防；在东南是“锦上添花”，产量哪怕已经很不错了，照样可能继续提高。

这两地区需要的设施不一样，得因地制宜。

万历四十年，徐光启向传教士熊三拔（P. Sabbathino de Ursis，意大利人）学习西方水利技术，合译了《泰西水法》6卷，后来收入《农政全书》。里面提到的龙尾车、玉衡车、恒升车等机械，体现了17世纪欧洲物理学的新成就。

元朝“科学全才”郭守敬进行了精密的地形测量，在此基础上成功修通京杭大运河。

徐光启很推崇这种做法，在他看来，水利工程规划离不开靠谱的地形数据，而且“治河垦田，事相表里”。

所以，《农政全书》当中专门有一篇“量算河工及测验地势法”，清楚地介绍了用到的仪器、步骤、计算方法以及如何验收核实、怎样发现和制止可能的作弊……

可以靠新作物——

徐光启在甘薯上花了许多心血。

它又叫番薯、红薯、白薯、地瓜、红苕（sháo）等，来自美洲，16 世纪时从吕宋（现在的菲律宾）或中南半岛传入广东、福建一带。

替父亲守孝期间，徐光启听说甘薯在福建帮百姓度过了灾年，很感兴趣，于是试着将它引种到上海，经过一番周折，总算成功。

后来在更加寒冷的天津，他利用地窖保温技术，也将甘薯种活了。

在徐光启看来，甘薯的好处说不完：

产量高，传播也快，“今岁一茎，次年即可种数百亩”。

有益健康，味道香甜，还能酿酒。

对土壤和气候都不挑剔，适合备荒。

“用地少而利多，易于浇灌”，同时不需要精细照顾，能节省人手。

……

他总结出了一整套种植、加工甘薯的方法，向全国推广，救了不知多少人的命。

和王祯一样，徐光启指出，不能迷信“风土”（气候和土壤），关键在于主观能动性。只要摸准了农作物的“脾气”，就有可能在以前觉得不适合的地区推广。

芜菁喜欢干冷环境，原先在北方才能长好。有这样的传言：如果将它种到南方，第一年会半数变成菘（sōng，白菜），第二年开始绝收。

徐光启在上海试着栽培以后发现，芜菁不会真的变成菘，只是由于施肥不够，根变小了。根据南方的情形，他摸索出了一套规律，芜菁终于不“缩水”了。

他看重芜菁，是由于它“茎根皆膏润”，就算吃久了也不会面有菜色，能够帮百姓熬过饥荒。

关于长江三角洲的棉田，徐光启总结出了丰产“十四字诀”：“精拣核（选种）、早下种、深根短干、稀科肥壅”。如果照着做，就能治好秕（bǐ，不饱满）、密、瘠、芜的毛病，“遍地花王”。

荒政是《农政全书》的重中之重，它指遇到灾荒时采取的措施。

晚明不巧赶上“小冰期”，自万历朝起，连年灾荒：水旱、风灾、蝗灾、鼠疫……大家没饭吃，流离失所，赋税收不上来，“盗贼”遍地，朝廷岌岌可危。

徐光启非常着急，希望自己开出的“药方”能挽救百姓和大明王朝。

在他看来，救荒应当“预弭（mǐ，平息、消除）为上，有备为中，赈济为下”，尽量做到“治未病”。

具体而言，上策是“浚河筑堤、宽民力、祛民害”，减轻百姓负担，不能将他们“逼上梁山”。

中策是利用新技术增产、充实库存、借助市场之类的手段尽快让粮食流向灾区……

下策是开粥棚应急。

徐光启将明朝朱橚（sù）的《救荒本草》和王磐的《野菜谱》全部收进了《农政全书》，想让更多百姓知道，哪些东西可以填肚子。他还不顾危险，亲口尝试了几十种野菜。

徐光启觉得，蝗灾的危害“过于水旱”。

查阅历代史料以后，他得出结论，蝗虫“最盛于夏秋之间”，正好是收获季节，因此后果也极为严重。而蝗虫猖獗之处，大多是“骤盈骤涸”的水边（水位迅速上涨和迅速下降）。

所以他“对症下药”，根据不同生长阶段采取不同措施——

把水草割干净，不给蝗虫留下产卵的场所。

一旦发现地上鼓起成行的松土、幼虫（叫“蝻”）冒头，就赶紧报官，一块儿动手扑打。

政府出钱粮收购蝗虫，鼓励百姓能吃就吃。

在冬天农闲时费点功夫，将蝗虫卵挖出来。

种些蝗虫不吃的豆类、麻类、芋、桑等农作物，以防万一。

将草木灰、石灰筛成细末，撒在庄稼上。

……

徐光启去世不过十年，明朝就灭亡了。他的志向、执着、大半心血，在救朝廷一事上终归成空。然而，他留下的许多珍贵成果切切实实地促进了技术进步，有助于改善民生。

大家不会忘记，谁替百姓谋福利！“徐家汇”这个地名，就是为了纪念他。

参考文献

[1] 金秋鹏 . 中国科学技术史：人物卷 [M]. 北京：科学出版社，1998.
[2] 江晓原 . 中国古代技术文化 [M]. 北京：中华书局，2017.
[3] 江晓原 . 中国科技通史：医学、算学、博物学 [M]. 南宁：接力出版社，2019.
[4] 闻人军 . 考工司南：中国古代科技名物论集 [M]. 上海：上海古籍出版社，2017.
[5] 骈宇骞，李解民，盛冬铃 . 武经七书（插图版）[M]. 北京：中华书局，2020.
[6] 戚继光 . 纪效新书 [M]. 北京：中华书局，2017.
[7] 李硕 . 南北战争三百年：中国 4—6 世纪的军事与政权 [M]. 上海：上海人民出版社，2018.
[8] 马伯英 . 中国医学文化史 [M]. 上海：上海人民出版社，2010.
[9] 于赓哲 . 唐代疾病、医疗史初探 [M]. 北京：中国社会科学出版社，2011.
[10] 袁珂 . 山海经校注（最终修订本）[M]. 北京：北京联合出版公司，2022.
[11] 刘宗迪 . 失落的天书：《山海经》与古代华夏世界观 [M]. 北京：商务印书馆，2006.
[12] 段成式 . 酉阳杂俎 [M]. 上海：上海古籍出版社，2012.
[13] 洪迈 . 夷坚志 [M]. 北京：中华书局，2006.
[14] 玄奘，辩机 . 大唐西域记校注 [M]. 北京：中华书局，2000.

喵懂中国典籍

医药卷

文字撰写　王宸　叶金辔
编　　制　星球地图出版社

星球地图出版社
STAR MAP PRESS
国家一级出版社
全国百佳图书出版单位

图书在版编目（CIP）数据

喵懂中国典籍．医药卷 / 王宸，叶金謦撰．-- 北京：星球地图出版社，2025．-- ISBN 978－7－5471－3008－7

Ⅰ．Z422-49

中国国家版本馆 CIP 数据核字第 2024GA1504 号

责任编辑 张　越 高　帅
图书编辑 高　帅
排版设计 樊羽菲 高　芳
文字撰写 王　宸 叶金謦
封面设计 王　静
插画绘制 谢步平 王少波 程建新 支少卿 潘艺晶 周　磊
出版审订 郝　刚 左　伟

喵懂中国典籍（医药卷）

出版发行 星球地图出版社
地址邮编 北京市海淀区北三环中路 69 号 100088
网　　址 www.starmap.com.cn
印　　刷 北京印刷集团有限责任公司
经　　销 新华书店
开　　本 285 毫米 ×285 毫米 12 开
版　　次 2025 年 3 月第 1 版
印　　次 2025 年 3 月第 1 次印刷
定　　价 199.00 元（全 7 卷）

联系电话：010-82028269（发行）、010-62272347（编辑）

目录

千金方

为什么当医生？

自古到今每个人都有自己的答案。

进了这一行，能更好地帮到亲人朋友。

救了人以后，体会到悬壶济世多么有成就感。

医生虽然辛苦，却稳定，而且靠经验积累，越老越吃香。

看到“白衣天使”的付出，被震撼了，想要加入……

近两千年前的这份“答卷”，大家觉得怎么样？

“上以疗君亲之疾，下以救贫贱之厄（困苦），中以保身长全，以养其生。”是谁想得这么全面，从自己到社会中的所有人，都照顾到了？

是东汉末年张仲景，他是《伤寒杂病论》的作者。不过把这种态度发扬光大的，是隋唐时期的医药学家孙思邈。

孙思邈是京兆华原（现在的陕西省铜川市耀州区）人，从小体弱多病，总去看医生，为了吃药几乎花光了家产。

不过他聪明勤奋，七岁开始上学，能“日诵千余言”。到了二十岁，学问相当广博，“善谈庄、老及百家之说，兼好释典（佛经）。”据说洛州总管独孤信曾称赞他是“圣童”。

跑个题，独孤信是不得了的人物，三个女儿都当上了皇后——长女嫁给了北周明帝宇文毓（yù）；四女是唐高祖李渊的母亲；七女独孤伽罗，嫁给了隋文帝杨坚。

陕西历史博物馆收藏了一枚他的印章，用煤精雕成球体，有 8 棱 26 面，其中 14 面有印文：“臣信上疏”“大都督印”“柱国之印”“信白笺”“令”……

所有功能都整合到一起，多方便！

可能是“久病成医”，孙思邈专心钻研典籍，四处求师访友，知道谁在切脉、诊断、采药、养生之类方面比自己强，就不远千里去请教。

慢慢地，他开始帮亲邻看病，效果很好，名气越来越大。隋文帝、唐太宗、唐高宗先后都听说了，想给他官爵，他却总不接受，一直在民间行医，很“接地气”。

在古代，医疗资源相当缺乏，特别是在偏远地区，缺医少药是常态，经常只能听天由命，或者去找不靠谱的巫师神汉。

孙思邈希望能够通过编纂医书，让“家家自学，人人自晓”。但是，当时的医书篇幅太长、内容太杂乱，如果碰到急病，查找药方非常困难，等发现了合适的，可能早就来不及了。

他非常痛心，所以“博采群经，删裁繁重，务在简易”，编写了《千金方》。

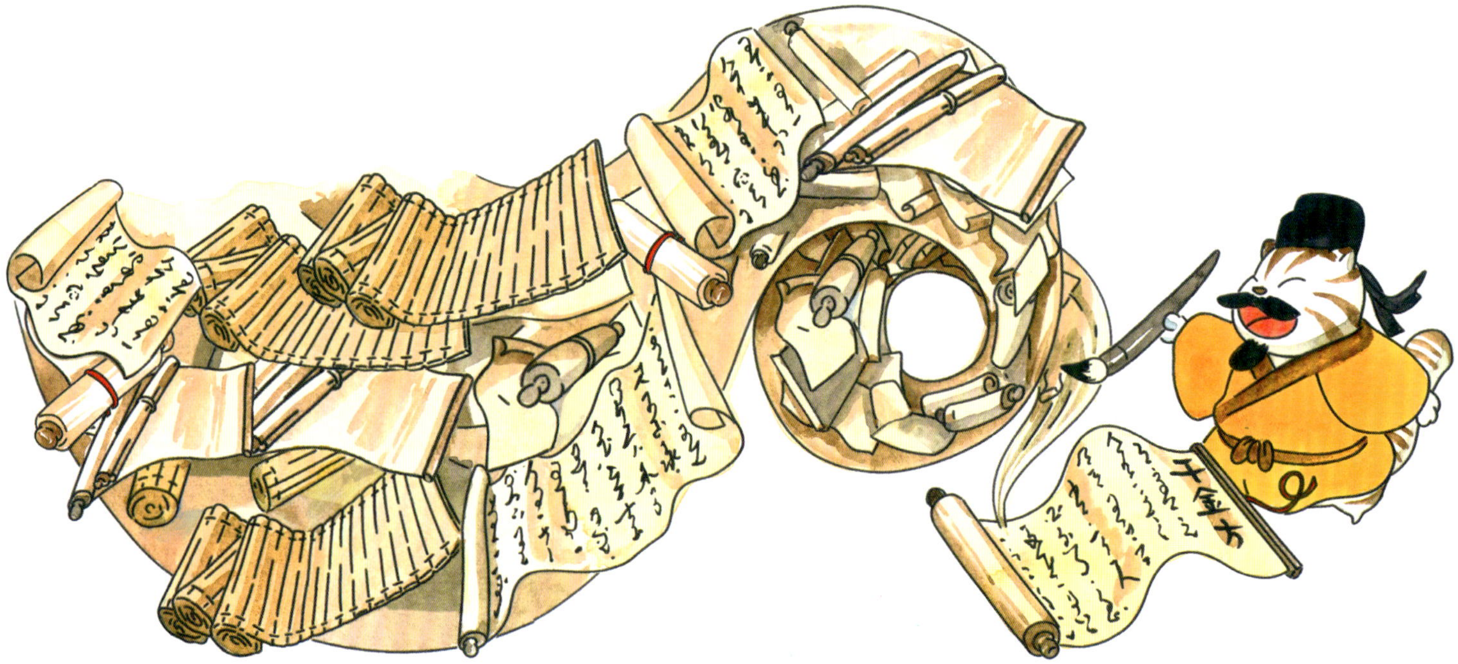

《千金方》全名《备急千金要方》，三十卷，完成于唐高宗永徽三年（652年），被称作中国历史上第一部临床医学百科全书。

为什么叫这个名字？

孙思邈在自序中解释：“人命至重，有贵千金；一方济之，德逾（超过）于此。”

妇科病、儿科病、五官病、内科病、外科病要怎么治，《千金方》里都涉及了，还提到了解毒、应急的各种药方以及食疗、养生、切脉、针灸等内容。

在中医学上，孙思邈第一个主张要单独设科，治疗妇女和儿童疾病，也点出了这两个群体的特殊之处。

差不多三十年后，他又完成了《千金翼方》，来给《千金方》查缺补漏，也是三十卷，着重介绍了同《伤寒杂病论》有关的内容。

两本加起来，共收录了6500多个药方，有些直到今天还在使用。

在给中下层民众看病的时候，孙思邈发现，许多病都是区域性的，和营养缺乏有关。
所以，他用鹿和羊的靥（yè，甲状腺）、昆布（海带之类的海藻）治疗瘿（yǐng）病（大脖子病）。
瘿病相当于现在所说的甲状腺肿大，是缺碘引起的。孙思邈列出的这些食物，碘含量都相当丰富。
1995 年起，中国开始实施全民食盐加碘，甲状腺肿大的发病率就明显下降了。

他还用羊、兔和猪的肝脏治疗夜盲症，都收到了相当不错的效果。

夜盲症俗称“雀蒙眼”，是缺乏维生素 A 引起的，患者一到光线昏暗的地方就看不清东西。肝脏是储存维生素 A 的地方，维生素 A 的活性形态叫视黄醇，如果不充足，就会影响视紫红质（视网膜上细胞里的感光物质）的形成。

孙思邈也是养生高手!

他去世于唐高宗永淳元年(682 年),没什么争议,但是出生于哪年,众说纷纭:隋文帝开皇元年(581 年)、北周明帝武成二年(560 年)、北周孝闵帝元年(557 年)、西魏文帝大统七年(541 年)等。

不管哪种算法,年龄都超过 100 岁。

他有什么秘诀?

《千金方》里指出:“上医医未病之病,中医医欲病之病,下医医已病之病。”

所以,一定要注意预防和保健,防患于未然。稍有不舒服就要重视,免得拖延下去,贻误病情。

要根据自身情况,积极锻炼:

“常欲小劳,但莫大疲及强所不能堪耳。且流水不腐,户枢不蠹(dù,虫蛀),以其运动故也”(强调适度保持运动,是健康的关键)。

曹魏名士嵇(jī)康指出,“养生有五难”:名利不去、喜怒未除、声色不制、滋味不绝、神虑精散。

孙思邈非常赞同,说知足常乐、淡泊无求,对身体才有益处。要是“德行不克”,“纵服玉液金丹,未能长寿”。

在中国，孙思邈是完整论述医德的第一人。

而在西方，完整论述医德的第一人是古希腊名医希波克拉底（约公元前 460—前 377 年），现在的国际医务人员道德规范，就是建立在《希波克拉底誓言》的基础上。

孙思邈重点讨论的是“大医精诚”。

“精”指医术精湛，“诚”指医德过硬。而医德的重点，是一视同仁、竭尽全力救助患者。

他说：“凡大医治病，必当安神定志，无欲无求，先发大慈恻隐之心，誓愿普救含灵之苦。若有疾厄来求救者，不得问其贵贱贫富、长幼妍媸（chī，丑陋）、怨亲善友、华夷愚智，普同一等，皆如至亲之想。亦不得瞻前顾后，自虑吉凶，护惜身命，见彼苦恼，若己有之，深心凄怆，勿避险巇（xī，险恶、危险）、昼夜、寒暑、饥渴、疲劳，一心赴救，无作功夫形迹之心。如此可为苍生大医。”

他还说："世有愚者，读方三年，便谓天下无病可治；及治病三年，乃知天下无方可用。故学者必须博极医源，精勤不倦（广泛地穷尽医学的本领，专心勤奋，毫不懈怠），不得道听途说，而言医道已了，深自误哉。"

医生是个必须不断进修的行当，学无止境，在古代是由于获得知识的渠道受限，而在现代是由于知识更新速度快……

而且，"为医之法，不得多语调笑，谈谑（xuè，开玩笑、嘻嘻哈哈）喧哗，道说是非，议论人物，炫耀声名，訾（zǐ，非议、诽谤）毁诸医，自矜己德。"

偶然治好了一个病人，就洋洋得意，觉得自己天下无双，这种毛病不可救药。

著名诗人卢照邻是“初唐四杰”之一，非常佩服孙思邈，把他当成老师来尊敬。

孙思邈告诉卢照邻，行医要“胆欲大而心欲小，智欲圆而行欲方”。

胆大，就是像名将用兵那样敢作敢当；心小，就是“如临深渊，如履薄冰”，时时刻刻保持警惕；智圆，就是抓准机会，该出手时就出手；行方，就是“不为利回，不为义疚”（不做因私利而违背原则的事情，不做因不合乎礼义而使自己感到内疚的事情）。

“一根银针救两命”的故事，活灵活现地印证了这句话。

孙思邈看到有人抬着一口薄板棺材路过，里面有鲜血滴下来。他立刻过去问明情况，原来死者是个难产的年轻女子，刚断气不久。

他坚持说，滴下来的血是红色而不是紫色，里面的人可能还有救。打开棺材盖，他发现“死者”的脉搏还在非常轻微地跳动，急忙选了几处穴位，开始针灸。

过了一会儿，“死者”居然苏醒过来，顺利生下了孩子。目睹了这“起死回生”的奇迹，大家都对孙思邈感恩戴德。

《千金方》不光在中国影响深远。

它被遣唐使带回了日本，推动了汉方医学的发展。日本医师丹波康赖在 984 年编纂完成了《医心方》，它是日本现存最早的医书，参考了大量中医文献，直接引用《千金方》500 多处。

1613 年，朝鲜医学家许浚编纂完成了《东医宝鉴》，它在朝鲜医学史上的地位堪比《本草纲目》在中国的，书中转抄了 80 多本中医典籍，包括《千金方》里的十几个方剂。

由于在医药领域的突出贡献，孙思邈被尊为“药王”，他的塑像被供奉在庙宇和道观里。全国许多地方有“药王庙”“药王洞”，甚至“药王墓”，香火到今天都很兴旺。

洗冤集录

平日里给我们看病的是医生，给小动物看病的是兽医，那么，给死者“看病”的呢？

是法医！

每一道伤痕、每一点证据，都在还原死者生前的真相。但是掌握破译这种“密码”的本领，着实不简单。

法医要运用医学、生物学知识和相关的刑事科学技术、司法鉴定技术，对同案件有关的人体（活体、尸体、精神）和犯罪现场、物证进行勘查鉴别、做出鉴定，给侦查和审案提供科学依据。

中国最早的“法医”，是战国时期秦国的令史。他们是县行政长官手下的小吏，职责之一是“治狱”，也就是断案。秦律规定，如果有人死因不明，原则上都要进行尸检，违背的话就会受罚。

1975 年底，湖北云梦睡虎地发现了一批秦国墓葬，第 11 号墓主人叫“喜”，出生于秦昭襄王四十五年（公元前 262 年），曾三次从军，替秦始皇统一六国出了一份力。

他长期担任令史，对法律条文相当熟悉，也把它们带到了地下。这座墓里出土了 1155 枚竹简，几乎把他整个人埋了起来，其中 98 枚是《封诊式》。

这个奇怪的名字是什么意思?

“封”指查封;“诊”指诊察、检验;“式”指格式、程式,是法律文书的一种类型。

《封诊式》堪称世界上最早的法医规范,里面的很多操作已经相当科学了。

如果出了人命案,令史需要第一时间赶到现场,保护好痕迹物证,把尸体的特征、位置和创伤的部位、数量、方向、大小都记录下来。如果出了人身伤害案,令史也需要去验伤,鉴定结果会影响后续的判刑和赔偿。

这就是《封诊式》中的一份验尸报告——尸体在房间南边,仰卧,左额头有一处刀伤,背部有两处刀伤,都是竖砍,伤口都长约四寸、宽一寸。

伤口内陷,推测凶器是斧子。

是青壮年男子,皮肤偏白,高七尺一寸,头发长两尺,肚子上有两道旧伤疤。

隋唐时期，出现了“仵（wǔ）作”。他们先是从事殡葬业，慢慢开始替官府“打工”，负责检查尸体、鉴定伤情。虽然仵作的任务相当重要，但是身份卑贱，属于“下九流”，遭到歧视，子孙没资格参加科举考试。

《杂纂》（作者据说是晚唐诗人李商隐）就把仵作、盗墓贼和刽子手放在一起“吐槽”，说这些职业都很差劲。

仵作的素质参差不齐。有的通过父子或师徒相承，积累了丰富的经验，本领高明，不放过任何细节，哪怕尸体已经腐烂，也能通过骨头的颜色和形态判断死因——是哪种毒药，还是受了致命伤。

也有的仵作疏忽大意，把骨头发霉看成中毒，结果搞出了冤案；或者毫无底线，收了贿赂就乱说一气、颠倒黑白。

那么，是谁以身作则，编写了靠谱的法医学教材，一定程度上扭转了这种局面？

是南宋时期的宋慈！

宋慈，字惠父，建阳（现在的福建南平一带）人，目前根据史料推测出生于南宋孝宗淳熙十三年（1186 年）。

他父亲宋巩（gǒng）当过广州节度推官，掌管刑狱。

宋慈的启蒙老师，是大儒朱熹的弟子吴稚。后来他进入太学读书，又拜另一位大儒真德秀为师。所以，他不光学问扎实，修养功夫也相当到位——求实求真，严格自律，富有责任心。

宁宗嘉定十年（1217 年），宋慈考中了进士，不过由于父亲去世，他回家守孝，理宗宝庆二年（1226 年）才开始做官。

他能文能武，不止一次成功平定兵变和叛乱，因此很受重用。理宗嘉熙三年（1239 年）起，他连续出任广东、江西、湖南提点刑狱，主管司法和监察，所以在电视剧里被称作“大宋提刑官”。

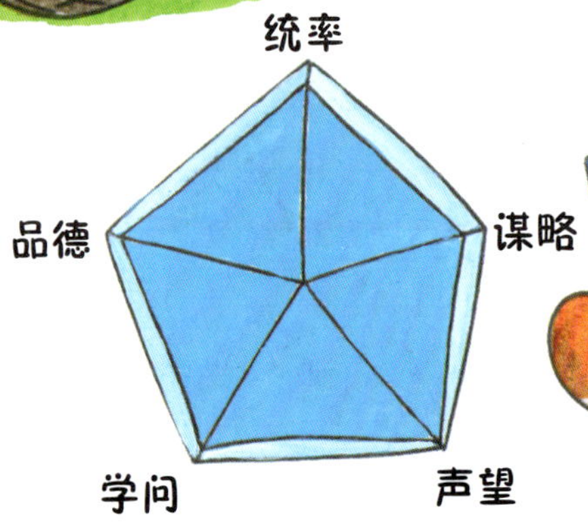

升任广东提点刑狱以后，宋慈发现当地官员玩忽职守，许多囚犯被不明不白关押了好几年，还没有宣判。

他又着急又生气，很快制定了一套规矩，责令手下官员在规定期限内查明案情。只用了八个月，积攒下来的 200 多起案件就审理清楚了。

他一直以“雪冤禁暴”为己任，断案时审了又审，不敢有一丝疏忽、不放过任何疑点。

宋末文坛领袖刘克庄在墓志铭中这样称赞宋慈：“听讼清明，决事刚果，抚善良甚恩，临豪猾（强横狡猾、不守法度的人）甚威。属部官吏以至穷闾委巷（穷人所住的偏僻简陋小巷）、深山幽谷之民，咸若（全都好像）有一宋提刑之临其前。”

担任湖南提点刑狱时，宋慈总结前人的刑侦断案成就，加上自己在多年实践中积累的经验，在理宗淳祐七年（1247 年）写成了《洗冤集录》。

宋慈在序言中说：“狱事莫重于大辟（死刑的通称），大辟莫重于初情（一开始就掌握实情），初情莫重于检验。盖死生出入之权舆（开始），幽枉屈伸之机括（处理事务的关键），于是乎决。”也就是说，法医检验对审理案件、做出判决，有着至关重要的影响。

现在遵循的原则是无罪推定，未经依法判决，就不能把任何人当成罪犯。

然而中国古代一直实行“疑罪从有”，哪怕找不到确凿的证据，单凭口供也可以断案。

实际上，官员很少亲自勘查犯罪现场、检验尸体，也不重视证据，经常刑讯逼供，所以出现了许多屈打成招的冤案。而且，官员如果经验不够，也很容易被黑心的小吏和仵作欺瞒。

对这种状况，宋慈非常痛心。他希望更多同行能读到这本书，让它发挥“参验互考”的作用，就像医生根据经典古法扎针开药，令病人“起死回生”。

断案过程中，宋慈洞察人心、神机妙算，留下了许多经典案例。

盛夏时节，路边倒卧着一具尸体，身上有十几处刀伤。宋慈一开始怀疑是强盗谋财害命，检查以后发现东西都没丢，所以推测可能是仇家报复。

根据伤口的特征，宋慈判断凶器是镰刀，立刻派人通知附近居民，将家里的镰刀都拿过来。

地上满满当当放着七八十把镰刀，苍蝇飞过来，全聚在其中一把上。

宋慈说：“这把镰刀是谁的，谁就是凶手！”

被逮住以后，镰刀的主人还不认账，宋慈指着镰刀，让他自己看：“你杀了人，镰刀上有血腥气，才能招来这么多苍蝇！”

那个人没法狡辩，只能叩头认罪，旁边围观的人都连声赞叹，非常佩服宋慈。

还有一次，村民来衙门报案，说自己的外甥和邻居的儿子拿着锄头上山种庄稼，迟迟不回来，去查看以后发现，两个人都死了。

宋慈派属下到现场检验：一具尸体在小茅屋外面，脖子断了，头上和脸上有锐器留下的伤口。另一具在小茅屋里面，左颈下、右脑后有锐器留下的伤口。

属下都判断，应该是他们俩吵起来了，里面的人误杀了外面的人，畏罪自尽。然而宋慈觉得，事情没这么简单——如果是自尽，右脑后的伤口怎么解释？这个角度，手使不上力气的！

过了些日子，果然抓到了真凶。他和这两个人都有仇，所以趁机下手。

在没有目击证人的情况下，断案必须慎之又慎！

《洗冤集录》共五卷，7万多字。后世开玩笑说，它是“人的一百种死法”——它把各种死法的特征和鉴别准则都详细列了出来，格外注意区分自杀和他杀、伤口是生前还是死后留下的。

缢死占自杀的首位，所以在验尸时常常会遇到。

如果是自己上吊，绳索留下的痕迹就像“八”字形，不交叉在一起；如果是被勒死的，颈后会有绳索交叉的印子。

如果是悬梁自尽，就要观察上吊的地方，尘土滚乱了很多处才对，因为断气前会挣扎。只有一处没有尘土的话，就可能是他杀，假装成自缢。

如果是死后才被挂上去，绳索留下的痕迹是白色，因为气血已经停滞了；如果是缢死的，则是紫红色。

不过宋慈强调，任何事情都没有绝对！

如果被别人隔着窗棂或树干之类勒死，就不会留下绳索交叉的印子。

所以要明察秋毫，不能懈怠也不能先入为主。

《洗冤集录》也不是全对，由于时代局限，稀奇古怪的错误还挺多。

有的错误是由于“天人感应”之类的迷信：

“人有三百六十五节，按一三百六十五日。”

正常成年人的骨骼是 206 块。

“虎咬人，月初咬头项，月中咬腹背，月尽咬两脚。猫儿咬鼠亦然。”

这些并没有科学依据。

有的错误是由于技术水准不够，或不清楚科学原理：

“若验服毒，用银钗，皂角水揩（kāi，擦抹）洗过，探入死人喉内，以纸密封，良久取出，作青黑色，再用皂角水揩洗，其色不去。如无，其色鲜白。”

银器遇毒变黑的原理是生成了硫化银，所以只对硫化物有反应，碰上其他毒药可能不变色。而且尸体腐败会产生硫化氢，也能让银器变黑。

古代常见的毒药是砒霜（三氧化二砷），由于工艺落后，里面有含硫的杂质，所以能被银器验出来。到了今天，这种方法就完全是添乱——松花蛋含硫化物，然而它有毒吗？

不过整体而言，瑕不掩瑜，在那个时代背景下，《洗冤集录》已经相当出色了。

淳祐九年，宋慈在广东经略安抚使任上去世，享年 64 岁。理宗皇帝称赞他是“中外分忧之臣”，亲自为他题写墓门，以示表彰。

《洗冤集录》是世界上第一部系统的法医学专著，比西方第一部同类作品——意大利人佛图纳图 · 菲德利（Fortunato Fidelis）的《医生的报告》要早 350 多年。

问世后不久，《洗冤集录》就颁行全国，“官司检验奉为金科玉律”，在元明清三朝是验尸、破案的必备指南，后来的法医学著作几乎都以它为蓝本。

《洗冤集录》先后被介绍到朝、日、法、英、荷、德、俄等国家，影响遍及欧亚大陆，宋慈也被誉为“法医学奠基人”。

体温表里也有水银，摔碎了该怎么办？
房间里的人和动物都要出去，打开门窗通风。
收拾的时候要戴上口罩和橡胶手套，用胶带把水银珠都粘起来，然后密封，当成有害垃圾处理。
不能用扫帚和吸尘器！会让水银跑得到处都是。
如果能找到硫磺粉，可以洒一点，水银跟它结合变成硫化汞，就不会再挥发了。

医药可是人命关天的事，如果搞错了，后果不堪设想。

中药主要是草，所以记录药物知识的书统称“本草”。

我国最古老的药学著作是《神农本草经》，大概是汉朝成书的，收录了 365 种药物。

在它的基础上，后世医家不断修订、补充：

南朝梁陶弘景编纂了《本草经集注》，根据更早的《名医别录》，又增加了 365 种药物。

唐高宗显庆年间，苏敬等人编纂了《新修本草》，收录了 844 种药物，是世界上第一部由国家颁布的药典，具有法律效力。

宋朝先后编纂了《开宝本草》和《嘉祐本草》。唐慎微又编纂了《证类本草》，更早的“本草”都散佚了，幸亏有《证类本草》，它们的内容才保存下来。所以李时珍表扬它：“使诸家本草及各药单方垂之千古，不致沦没，皆其功也。”

这些“本草”一直在更新换代，然而，上面的缺漏照样不少……

这些“本草”都是把药物分成上中下三品，根据《神农本草经》的说法：“上药为君，主养命以应天（自然天象），无毒，久服不伤人；中药为臣，主养性以应人（人体机能），无毒有毒，斟酌其宜；下药为佐使，主治病以应地（地理环境），多毒，不可久服。”

这样分类容易混乱，没有明确的逻辑顺序，要是想查一下某种药在哪里，翻书也相当麻烦。

是谁有胆量彻底“捉虫”，而且打破延续一千余年的分类方法，创造一种更科学、更实用的？

明朝医药学家李时珍！

李时珍，字东璧，自号濒湖山人，家乡是蕲（qí）州（现在的湖北蕲春）。

他的出生日期有争议，不过通常认为是正德十三年（1518 年）。

他父亲李言闻是位名医，李时珍 20 岁时得了感冒，不停咳嗽，还发低烧。李言闻只用了一味黄芩汤，就治好了他的病。

耳濡目染，李时珍从小就对医药相当熟悉。可是，当时民间

医生地位不高，日子也艰苦，经常被有钱有势的人欺负。所以家里一开始并不想让他子承父业，指望他念书当官，出人头地。

14 岁时，他考中了秀才，全家都非常高兴。然而，17 岁、20 岁、23 岁时他连着三次参加乡试，都没能考中举人，就放弃了，从此一心一意学医。

据说他表示：“身如逆流船，心比铁石坚。望父全儿志，至死不怕难。”于是李言闻答应了，把自己一生所学都传授给他。

为了科举，他整整苦读十年，足不出户，学问也很广博，什么书都看。《本草纲目》引用了800多种前人著作，“子史经传，声韵农圃（pǔ），医卜星相，乐府诸家”……

李时珍青出于蓝而胜于蓝，很快就出了名。楚王给了他奉祠正的官衔，聘请他当私人医生。

楚王的世子（继承人）忽然惊厥（抽风），李时珍对症下药，世子立刻苏醒过来。

另一位皇族富顺王的孙子得了怪病，专吃灯花，一闻到气味就哭着要，医生们都束手无策。

李时珍判断，这是由于肚子里有寄生虫，给这个孩子吃了杀虫的药丸，很快就好了。

后来，楚王推荐他去太医院任职，变成了御医。在京城，他读到了很多珍藏的医书，有机会到御药库观察各地进贡的药材，大大开阔了眼界。

不过，只在太医院上了一年班，他就回到了家乡，后来也没再和达官贵人打交道，除了给老百姓治病，就是潜心研究医药，整理前人留下的知识和自己的经验。

李时珍找到了新的目标：重新编纂一部本草，免得再有人认错药、抓错药，白白送了性命。

嘉靖三十一年（1552 年），他以《证类本草》为基础，开始了这项工作。

在他看来，前人犯的很多错误都是由于“未深加体审，惟据纸上猜度而已”。所以，他不光注重搜集文献，还穿着草鞋、背着药篓出门实地考察，行程万余里，在江西、江苏、安徽、湖南、广东、河南、河北都留下了足迹。

嘉靖四十四年，他到武当山采药，那里出产一种叫“榔梅”的果实，被道士们说成“仙果”，吃了就可以长生不老，是给皇上的贡品，别人如果去摘，就要问罪。

李时珍却不信邪，想研究一下，它到底有什么功效。他趁着夜色，冒险摘了几颗，亲口尝过以后发现，它并没有神奇之处，不过是榆树果实的变种，样子像杏，核却像桃，酸酸甜甜，能生津止渴、解酒。

在寻访药物时，李时珍没有半点架子，主动向樵夫、药农、猎户、江湖郎中等等请教。

自京城到蕲州的路上，他看到几个车夫围着一口小锅，拿野草煮汤喝。他觉得好奇，过去问了才知道，这种野草叫“旋花”或“鼓子花”，可以治疗跌打损伤。于是，他的笔记又添了一条：旋花确实有“益气续筋”的功效。

根据传说，神农为了寻找能治各种病的药物，不惜冒险“尝百草”，甚至一天中毒七十次。李时珍也有这种不怕死的精神。

他拿曼陀罗花泡了酒喝下，结果中毒了，出现幻觉，哈哈大笑，不由自主地手舞足蹈，把旁边的人都吓坏了。恢复以后，他却高兴地写道：“热酒调服三钱，少顷昏昏如醉，割疮、炙火宜先服此，则不觉苦也”。也就是说，可以用来当麻醉剂。武侠小说里“蒙汗药”的主要成分，很可能就是它。

二十余年里，李时珍三易其稿，终于在万历六年（1578 年）完成了《本草纲目》。

这部书集此前中药学之大成，共 52 卷，约 190 万字，收录了 1892 种药物、11096 个医方，增添了 374 种新药。常见的田七、相思子、番红花，都是他补充进去的。

为了《本草纲目》，李时珍全家齐上阵，儿子李建中、李建元、李建木和孙子李树宗、李树声，还有徒弟庞宪（号鹿门生，也是一代名医），都参加了编纂工作。

李时珍还有《奇经八脉考》和《濒湖脉学》传世，特别是后一本，通俗易懂、琅琅上口，比《本草纲目》还要实用，是学习号脉的入门书。

《本草纲目》为什么叫这个名字?

李时珍创造了新的分类法——

以十六部为纲，六十类为目，归并所有药物。

十六部分别是：水、火、土、金石、草、谷、菜、果、木、服器（衣物布帛和日常用具）、虫、鳞、介（甲壳类）、禽、兽、人。

它们的排序“从微至巨、从贱至贵”，大体上符合自然界从无机到有机，再演化出生物的客观过程，对动物的排序也能看出类似进化论的思想萌芽。

部又细分成类：草部下面有山草、芳草、隰（xí，低湿的意思）草、毒草、蔓草、水草、石草、苔、杂草……

这么一来，纲举目张（比喻条理分明），查起来就方便了。

每一味药都介绍了哪些内容？

“释名”：把别名都列出来，而且解释起名字的意义。
“集解”：产地、品种、形态、采收之类。
“辨疑、正误”：历代本草如果出现了疑问或错误，都纠正过来。
“修治”：药不是采下来就直接能用，炮制方法各不相同。
“气味”：性味、有毒无毒。
“主治”：有哪些功效。
“发明”：药性理论、用药要点，和李时珍自己的学术见解。
“附方”：收录以它为主的有效方剂。

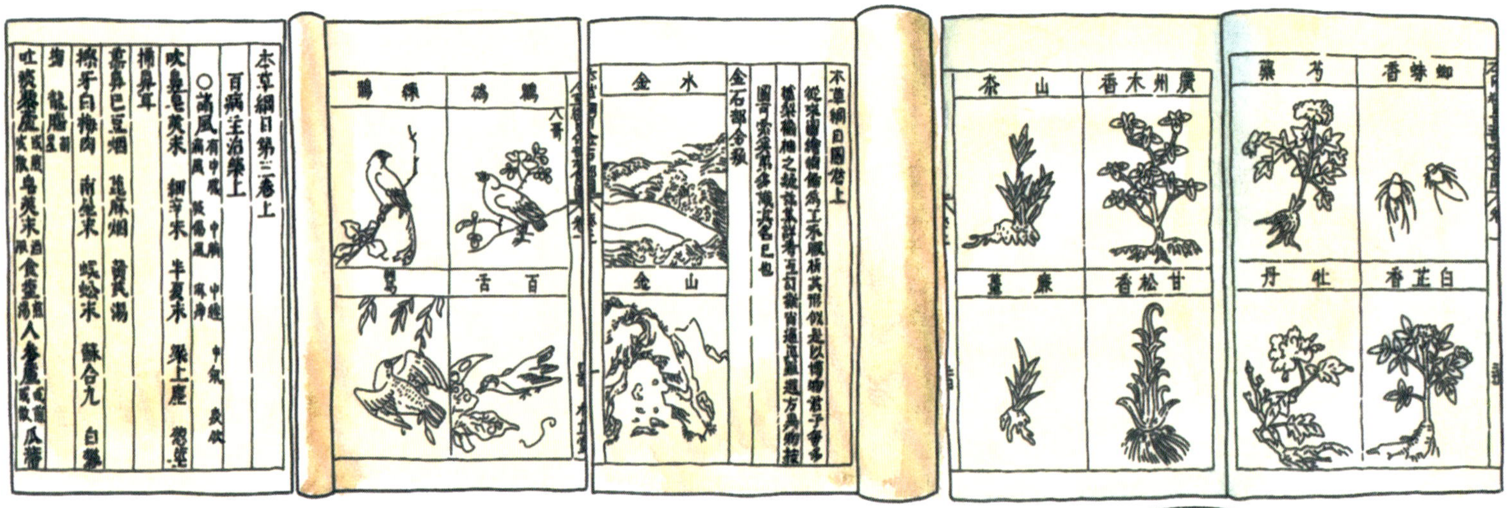

之前药名一团糨糊，问题很严重。古书上有时候将几味药搞混了，以为是同一味；有时候将外观区别比较大的同一味药当成了几味；有时候文图“打架”了，画的和写的对不上。

怎么办？要是光查资料，只会越来越晕头转向。

李时珍不辞辛苦，把弄不清楚的几味药都拿到手，凑在一起比较细节，这样才能得出正确结论。

书就算写完了，想出版也没那么简单。如果全部自费，可能要上千两银子，倾家荡产都付不起。

《本草纲目》不是刺激好玩的小说和剧本，也不是能帮人考状元的工具书，李时珍还没多大名气，怎么看都找不到卖点。所以，书商都不想接下这块“大砖头”。

于是，李时珍不远千里背着书稿赶到江苏太仓，去找当时的文坛领袖王世贞，希望求一篇序，用“名人效应”给《本草纲目》铺路。

王世贞相当推崇这部书，说它“实性理之精微，格物之《通典》，帝王之秘箓（lù），臣民之重宝也”。

遗憾的是，万历二十一年，李时珍去世。三年以后，金陵书商胡承龙才把《本草纲目》刻印出来，李时珍没能亲眼看到自己的心血问世。

《本草纲目》的厉害之处，不光在医药方面！

动植物学、矿物学、物候学、气象学、天文学、考古学……很多资料似乎和医药毫无关系，李时珍却没有放过它们，如实收进书里，帮了后世学者们的大忙。所以有人说，它是“东方博物学巨著”。

达尔文在《动物和植物在家养下的变异》和《人类的由来及性选择》里，多次引用《本草纲目》的内容，来证明自己的学说：

“（金鱼）自宋始有畜（xù，饲养）者，今则处处人家养玩矣。春末生子于草上，好自吞啖（dàn，吃掉），亦易化生。初出黑色，久乃变红。又或变白者，名银鱼。亦有红、白、黑、斑相间无常者。”

“浊水、流水之鱼与清水、止水之鱼，性色迥别”。

然而他看到的是别人翻译的片段，不一定清楚书名。

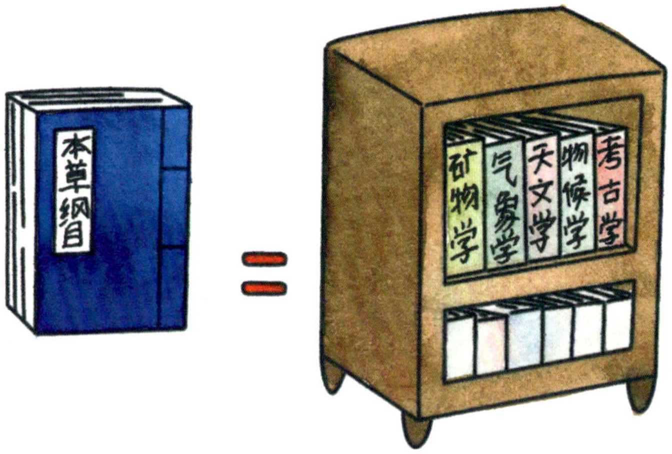

《本草纲目》同样存在不少缺点，神化它没有必要——

在引用资料时不够严谨，虽然标明了出处，却经常自作主张改动原文。

收录了一些奇奇怪怪、没经过验证的方子，有的看起来荒唐，甚至吓人。

对药物的考辨也有问题，比如说黄瓜“有小毒”，剧毒的马钱子却“苦寒无毒”。所以，我们今天不能拿着古代的医药著作直接用，需要甄别。

李时珍也清楚，这部书并不是天衣无缝。对拿不准的东西，他会直接写出来：“未知然否”“当俟（sì，等待）博物者订正”。

“知之为知之，不知为不知”，有这样的胸怀，一个人、一个学科才能不断往前走。

医林改错

人的身体里面是什么样子，有办法看到吗？

传说，秦始皇得到过一面不可思议的镜子，是方形的，“广四尺，高五尺九寸”，里外都透着光。如果有人来照，镜子里的身影就是倒着的。用手摸着心的位置来照，就能清清楚楚瞧见五脏六腑，也能知道哪里生了病。

可是，秦始皇去世后没多久，秦朝就灭亡了。项羽的大军闯进关中，洗劫了咸阳宫，还放了一把大火，三个月都没有熄灭，这面镜子在战乱中彻底消失了。

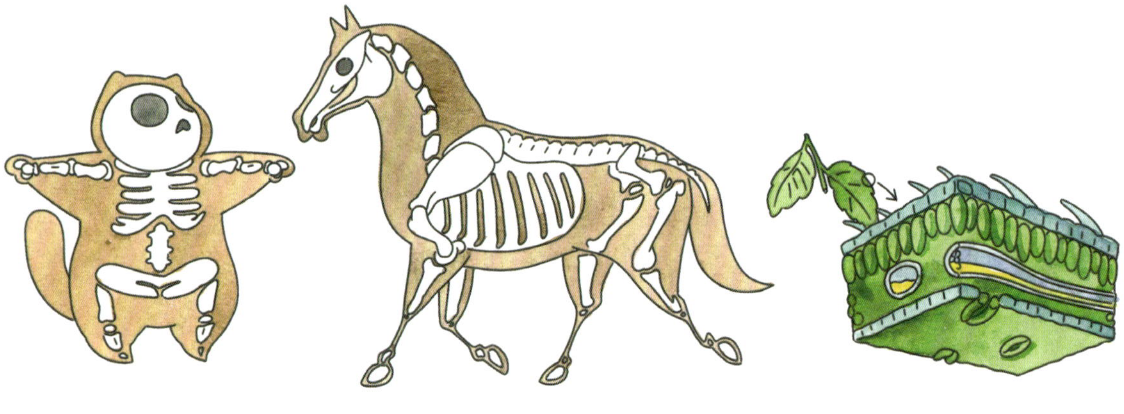

没有了神奇的法宝，我们就只能一步一个脚印地靠科学——

解剖学是生物学的分支，研究的是一个有机体，和它的部分结构。

不光是人，动物和植物都可以。

在古代，没有显微镜和 X 射线，要想知道身体内部的结构，只能用最“简单粗暴”的办法：一具一具地解剖尸体，然后观察。

不管在中国还是外国，搞到尸体都是个大难题。这样“侮辱”死者，非常犯忌讳，所以只能鬼鬼祟祟、偷偷摸摸。

“现代解剖学之父”安德雷亚斯·维萨里（Andreas Vesalius，1514—1564 年）出生在布鲁塞尔的一个医学世家。

在鲁汶和巴黎上学的时候，他曾经三更半夜去偷绞刑架上的犯人尸体，在自己卧室里解剖，一连几周，忍受着腐烂的恶臭。

在意大利帕多瓦大学教书的时候，他甚至亲自带学生去乱葬岗“盗墓”，还盯着病得最重的人，等下葬以后，想办法把尸体弄到手。

照当时的法律，偷盗尸体如果被抓到，是要判死刑的！

之前的名医解剖的大多是猴子、猪、狗、大鼠和小鼠、鸟之类的动物，用它们的内部结构去推测人体的，当然有很多缺漏！

维萨里不害怕权威，只相信真理，一条一条指出来——

人的肝脏有两叶，不是五叶。

左右心室之间不存在可以让血液通过的小孔。

男人和女人的肋骨都是24根，并不像《圣经》里说的那样，女人是用男人的一根肋骨做的，所以男人的肋骨更少……

他编写了一套书《人体的构造》，配的插图又精准又“有梗”，漂亮到让人毛骨悚然。

破除了盲目崇拜古人和经典的心理，才可能探索出靠谱的科学知识。

然而，守旧派医师和宗教裁判所都对维萨里恨得咬牙切齿。被逼无奈，他坐船去“圣地”耶路撒冷赎罪，不幸的是，途中逝世，再也没能回来。

在清朝，也出现了这么一个天不怕地不怕的人物，名叫王清任。

他字勋臣，是直隶玉田（现在属于河北）人，出生于乾隆三十三年（1768 年）。

他自幼习武，练过棍棒，精于骑射，考中了武庠（xiáng）生，捐过千总衔，大致相当于现在的营级军官。

古时候，庠是学校的意思，庠生就是秀才。

不过，王清任 20 岁就弃武习医了，一方面是受祖辈行医的影响；另一方面是他性格磊落刚直，和官场格格不入。

现在我们看病，通常会去医院。然而古时候，大家如果不舒服，可能会直接去铺子里抓药，也可能会去医馆，或者找大夫上门诊治。医药成了相当商业化的行当，在北宋的《清明上河图》和明清的市井风俗画里，都能看到药铺和郎中的身影。大夫类似“自由职业者”，想站稳脚跟的话，往往不光要靠精湛的医术，还要靠自我营销。

没过几年，他的医术在玉田就出了名。

可是，王清任仗义执言，得罪了县衙和豪绅，所以在家乡待不下去，只能到别处讨生活。

后来，他在北京开了医馆“知一堂”，用药相当大胆，常常不按前人套路来，却治好了许多疑难杂症。

读了很多医书以后，王清任发现“古人脏腑论及所绘之图，立言处处自相矛盾”，所以到治病的时候就远远不够用了，容易误事。

他大声说了出来：“著书不明脏腑，岂不是痴人说梦；治病不明脏腑，何异于盲子夜行！”

怎么办？只有一条路可走——

自己动手解剖，或看别人解剖。

惦记十年以后，王清任终于找到了机会。

嘉庆二年（1797 年），他路过滦（luán）州稻地镇（现在属于唐山），那里“小儿正染瘟疹痢症，十死八九”。穷苦人家买不起棺材，用席子一卷就草草下葬，埋得又浅，结果被野狗挖出来撕咬，场面非常凄惨。

为了看清楚脏腑到底是什么样子，他顾不上恶心和被传染的危险，每天一大早就去义冢，认认真真地观察那些开膛破肚的孩童尸体。

他“连视十日，大约看全不下三十余人，始知医书中所绘脏腑形图，与人之脏腑全不相合，即件数多寡（少），亦不相符。”

遗憾的是，这些尸体都残缺不全，“有肠胃者多，有心肝者少”，很多细节不见了。王清任最关心的是“其薄如纸，最关紧要”的横膈膜。它在心脏以上还是以下，是斜是正？

他不止一次去刑场观察被凌迟处死的犯人，然而要么不能靠近，要么横膈膜已经被破坏了，都没得出明确的结论。

直到道光九年（1829 年），他向一位见过不少杀戮的领兵官员请教，才知道了横膈膜到底是怎么回事。

虽然没有条件进行人体解剖，王清任却做了许多动物实验，比如说研究动物对水的吸收过程：“以畜较之，遂喂遂杀之畜，网油满水铃铛（好像装着水的玻璃纸袋子的囊状物）；三四日不喂之畜，杀之无水铃铛”。

道光十年，王清任完成了《医林改错》，这是他四十二年心血的结晶。

照他自己的说法，它“非治病全书，乃记脏腑之书也。其中当尚有不实不尽之处，后人倘遇机会，亲见脏腑，精查增补，抑又幸矣！”

王清任早就想到了，批评《黄帝内经》《难经》之类的中医经典，等于砸同行的饭碗，会招来很大的麻烦。然而出于责任感，有些事必须做。

把脏腑全图印出来，“并非独出己见，评论古人之短长；非欲后人知我，亦不避后人罪我。惟愿医林中人一见此图，胸中雪亮，眼底光明，临症有所遵循，不致南辕北辙，出言含混，病或少失，是吾之厚望。”

这本书“改”的是什么“错”？

王清任发现，“灵机、记性，不在心，在脑”。“心主神明”的传统说法不靠谱，耳、目、鼻、舌这些都和脑相通，在脑的指挥下实现听、看、嗅、尝之类的功能。

“两目系如线，长于脑，所见之物归于脑”，这说的似乎是视神经？

古书上说，人的横膈膜有两个，把体腔分成了“三焦”。然而王清任观察到，横膈膜只有一个，上面是胸腔，下面是腹腔。

肺有左、右两大叶，“外皮实无透窍”（外皮是实心的，没有通透的孔洞），而不是像之前普遍认为的那样，有六叶两耳和“行气之二十四孔”。他还详细描述了各级支气管的情况：“其形仿佛麒麟菜”。

不过，他看到的都只是尸体，跟活人不完全一样，也没有机会亲自动手解剖，当然会出问题！

比如说，他认为人断气以后，心脏和动脉里就没有血了，所以他被误导，给腹腔大动脉起了个名字“卫总管”，觉得这是气管，“气”和“血”两个系统是不相通的。

所以有人吐槽他，“医林改错，越改越错”。

他把心血循环之类非常复杂的事情想得太简单了，要是和现在的解剖学对照，差距明显不小，可是准确度已经超过了之前的中医典籍。

给人治病的时候，王清任最拿手的是活血化瘀，留下了一系列名字里带“逐瘀”的药方，对冠心病、脑血栓、浑身疼痛等等效果都不错，到今天依然挺受欢迎。

《医林改错》刊行后不到一年，王清任就去世了，这本书可能耗尽了他的精力。

他和《医林改错》没少挨骂——

有位名医说王清任“不仁”，是“狂徒”和“邪人”。在另一位名医看来，毁坏尸体是非常缺德的，他这样“是教人于杀人场上学医道”。

后世对他的评价一直有褒有贬——

不管在诊断还是治疗的时候，中医所说的“脏腑”，都更接近功能化的概念，不是实实在在的器官，看重“神”而非“形”。所以，很多中医觉得王清任这样研究具体器官，反倒是把书读得太死了，关注点不对。

更可惜的是，他没有机会了解西方的解剖学成果并和自己的对照。

明末清初，来到中国的耶稣会传教士邓玉函、龙华民和罗雅谷就编译出版了《人身图说》，吸收了维萨里的一些看法。这本书比《医林改错》还要准确，却被无视了两百余年。

还好，王清任的“知音”也不少。

120 年里，《医林改错》再版了 40 次！

梁启超表扬他“诚中国医界极大胆革命论者，其人之学术，亦饶有科学的精神”。

不少走“中西医汇通”路子的医师也受到他的启发，清末名医刘钟衡就说：“王清任先生《医林改错》一书，以独见之智力，辟古人之非，惊喜交集，半生疑窦，一旦豁然。”

重要的不是古人没有做到什么，而是他们做到了什么。

不墨守成规、不迷信权威、敢于革新、知难而进、注重实践……王清任教给我们的，实在太多了。

参考文献

[1] 金秋鹏 . 中国科学技术史：人物卷 [M]. 北京：科学出版社，1998.
[2] 江晓原 . 中国古代技术文化 [M]. 北京：中华书局，2017.
[3] 江晓原 . 中国科技通史：医学、算学、博物学 [M]. 南宁：接力出版社，2019.
[4] 闻人军 . 考工司南：中国古代科技名物论集 [M]. 上海：上海古籍出版社，2017.
[5] 骈宇骞，李解民，盛冬铃 . 武经七书（插图版）[M]. 北京：中华书局，2020.
[6] 戚继光 . 纪效新书 [M]. 北京：中华书局，2017.
[7] 李硕 . 南北战争三百年：中国 4—6 世纪的军事与政权 [M]. 上海：上海人民出版社，2018.
[8] 马伯英 . 中国医学文化史 [M]. 上海：上海人民出版社，2010.
[9] 于赓哲 . 唐代疾病、医疗史初探 [M]. 北京：中国社会科学出版社，2011.
[10] 袁珂 . 山海经校注（最终修订本）[M]. 北京：北京联合出版公司，2022.
[11] 刘宗迪 . 失落的天书：《山海经》与古代华夏世界观 [M]. 北京：商务印书馆，2006.
[12] 段成式 . 酉阳杂俎 [M]. 上海：上海古籍出版社，2012.
[13] 洪迈 . 夷坚志 [M]. 北京：中华书局，2006.
[14] 玄奘，辩机 . 大唐西域记校注 [M]. 北京：中华书局，2000.

医药卷

孙思邈
唐代医学家。

宋慈
字惠父，南宋法医学家。

李时珍
字东璧，明代医药学家。

王清任
字勋臣，清代医学家。

ISBN 978-7-5471-3008-7
9 787547 130087 >
定价：199.00 元

喵懂中国典籍 科技卷

星球地图出版社 STAR MAP PRESS
国 家 一 级 出 版 社
全国百佳图书出版单位

喵懂中国典籍

科技卷

眏知 Yu Zhi
文字撰写　王宸　叶金辔
编　　制　星球地图出版社

星球地图出版社
STAR MAP PRESS
国家一级出版社
全国百佳图书出版单位

图书在版编目（CIP）数据

喵懂中国典籍．科技卷 / 王宸，叶金箐撰．-- 北京：
星球地图出版社，2025．-- ISBN 978－7－5471－3008－7

Ⅰ．Z422-49

中国国家版本馆 CIP 数据核字第 20240SR960 号

责任编辑 张　越 高　帅
图书编辑 高　帅
排版设计 樊羽菲 高　芳
文字撰写 王　宸 叶金箐
封面设计 王　静
插画绘制 谢步平 王少波 程建新 支少卿 潘艺晶 周　磊
出版审订 郝　刚 左　伟

喵懂中国典籍（科技卷）

出版发行 星球地图出版社
地址邮编 北京市海淀区北三环中路 69 号 100088
网　　址 www.starmap.com.cn
印　　刷 北京印刷集团有限责任公司
经　　销 新华书店
开　　本 285 毫米 ×285 毫米 12 开
版　　次 2025 年 3 月第 1 版
印　　次 2025 年 3 月第 1 次印刷
定　　价 199.00 元（全 7 卷）

联系电话：010-82028269（发行）、010-62272347（编辑）

目录

墨经

诸子百家，你能数出来多少？

儒家——

道家——

法家——

农家——

兵家——

名家——

搞科研最拿手的是哪一家?

墨家!

墨家的创始人名叫墨翟。大家像对孔子、老子、韩非子他们那样，尊称他墨子。

关于他的生平，古籍里只有零星记载，司马迁在《史记》里都没给他立传，可见那时候大家对墨子的印象已经不怎么清楚了。

所以关于他的籍贯，说法非常多：宋国人、鲁国人、楚国人……

墨子的生卒年月也没有定论，生活的时代比孔子晚，大概是公元前 5 世纪。

虽说墨子当过宋国大夫，但是他出身平民（其他“子”出身至少是士，也就是最低一级贵族），和手工业者、社会下层关系密切，别人说他是“布衣之士”。

墨子曾经“受孔子之术”，可是后来没少批评儒家。

他并不是见了儒家就“抬杠”，而是把有道理的都听进去了，甚至敢在辩论时引用孔子的话。可以说，墨家是在儒家的基础上提出了自己的新东西。

墨子的想法有哪些?

“兼爱”：无差别的博爱，完完全全、不分彼此。

儒家的“爱”是有等级差别的。可是墨子说，君臣、父子、兄弟都要在平等的基础上相互友爱，对别人就像对自己。

“非攻”：当时的战争大多“不义”，是掠夺性的，不管给哪一方的百姓都只能带来灾难。所以要“以德义服天下”，用“兼爱”来平息祸乱。

“非命”：儒家的“生死有命，富贵在天”太消极了，所以说只要积极努力，就能达到目标。

“尚同”和“尚贤”：选举贤者当官吏、天子，全国百姓都要听他们的，上下一心。“官无常贵，民无终贱”，用人不能拘泥于出身。

“节葬”和“节用”：什么地位的人都不能奢侈浪费，要过清苦朴素的生活。儒家提倡厚葬、服丧好几年，这对社会一点儿好处都没有。

墨子也是技艺高超的工匠，他和公输般“斗法”的故事相当有名。

公输般是鲁国人，所以有学者说，他就是鲁班——木工、石工、泥瓦工等等的祖师爷。全国各地的不少著名建筑，传说都是鲁班亲自或指点别人修的。

楚惠王想要称霸天下，请来公输般，发明了云梯之类的攻城器械，准备去打宋国。

墨子听说了，立刻自齐国出发，连续赶了十天十夜的路，去郢（yǐng）都劝说楚惠王不要出兵。

楚惠王没答应。于是墨子解下腰带，围起来象征城池，用小木片象征武器，公输般进攻，他防御。一次又一次，公输般花样百出地攻城，可是都被墨子挡住了。公输般的器械已经使尽了，墨子的计策却还绰绰有余。

然而公输般表示，有办法对付墨子，只是不说。墨子也表示，知道他要怎么对付自己，只是同样不说。楚惠王听得一头雾水，于是墨子解释道，公输般想杀自己，这样就没人能帮宋国守城了。可是，墨子的三百名弟子早就拿着他发明的器械，在那里等着楚国入侵。

楚惠王一看，要面对的是块硬骨头，取胜的把握不大，就放弃了进攻宋国。

墨家不光是个学术团体，也是个有着明确政治目标、严明纪律的组织。

成员称作墨者，领袖称作钜子，墨子就是第一任钜子。所有墨者都必须服从钜子的指挥和领导，为了践行理想，甚至能够做到“赴火蹈刃，死不旋踵（zhǒng，脚后跟）”。

他们吃苦耐劳，注重信用，行侠仗义，助弱抗强。

这有积极的一面，不过也有问题——后来为了争夺钜子之位，内斗严重，如果钜子决策失误，会出现不可挽回的后果。

《墨子》这本书，有些内容可能是墨子亲笔，不过大部分和《论语》的情况类似，是徒子徒孙对他言行和墨家思想的整理和记录。

《汉书·艺文志》说，《墨子》有七十一篇。遗憾的是，现在保存下来的只有五十三篇。

其中的《经》上下、《经说》上下又被称作《墨经》或《墨辩》，包含了丰富的科学和逻辑学知识，所以格外受到重视，关于作者是谁的争论也格外激烈。

有些学者推测，《墨经》的作者是战国后期的“别墨”，和名家关系密切。不过更多学者主张，“经”通常指学派创始人或前辈的权威性著作，而“经说”是对“经”的解释。所以，《墨经》的作者可能是墨子本人，或他的亲传弟子。

《墨经》里有哪些好玩的科学知识?

说起杠杆定理，大家都知道是古希腊科学家阿基米德创立的。差不多二百年前，墨子也提出了类似的观点！

墨子是这样表述的：

给物体称重的时候，秤杆能够保持水平，是由于把秤锤调整到了合适的位置。要是秤杆两边的长度不相等，加上相同的重量就必然失去平衡，离支点远的那一边会下垂。

也就是说两个物体一样重时，谁离支点远，就能将近的那一边撬起来。这已经是杠杆定理的雏形了，我们能推出：两个重物平衡时，它们离支点的距离与重量成反比。

动力 × 动力臂 = 阻力 × 阻力臂

想要省力，就选动力臂比阻力臂长的杠杆；想要省距离，就反过来。

杠杆定理的“用武之地”可不小！生活中随处可见。

省力杠杆：开瓶器、拔钉子的羊角锤、裁铁皮的剪刀……

费力杠杆：钓鱼竿、镊子、筷子……

阿基米德根据它制作出了投石机，帮助他所在的城邦叙拉古打退了罗马军队。

墨家同样擅长设计军事器械，几乎都亲自动手参加生产，“理论联系实际”，对研究自然科学也比较热心。

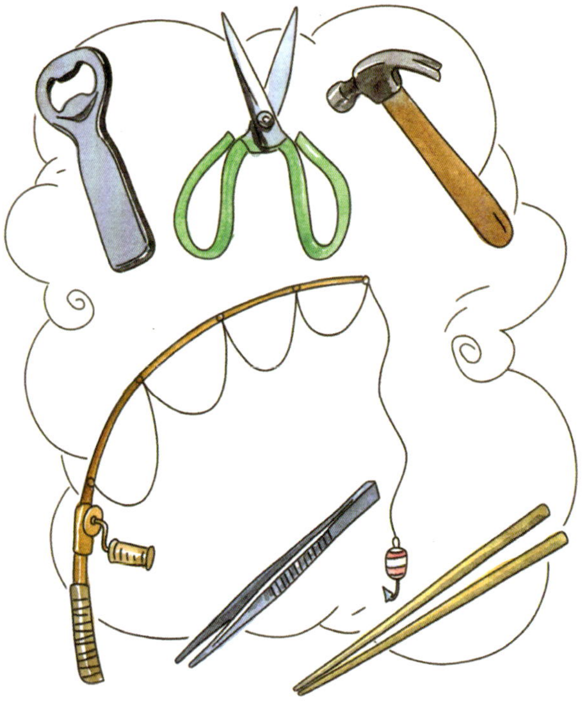

墨子还建立了最早的几何光学理论。由于在《经下》和《经说下》里各有八条，所以被后世统称为“《墨经》光学八条”。

具体说了些什么?

出现影子的原因，是光照不到。

哪怕物体在运动，影子也是不动的。它之所以看起来在动，是由于旧影子不断消失、新影子不断产生。

小孔成像——

在一间黑屋子朝阳的墙上开个小孔，人对着小孔站在外面，阳光照射下，屋子里相对的墙上会出现一个倒立的人影。

为什么会这样?

阳光穿过小孔，像射箭一样，走的是直线。脑袋遮住了上边来的光，形成的影子就在下边；脚遮住了下边来的光，形成的影子就在上边。

平面镜成像——

《墨经》叫它“鉴”。

如果人站在平面镜上，所成的像就是倒立的。

人走向、离开镜面，像都会跟随。

凸面镜成像——

《墨经》叫它“鉴团”。

物体不管在哪个位置上，所成的像都在镜面另一侧，比物体小。

凹面镜成像——

《墨经》叫它“鉴洼”。

物体在球心外的话，所成的像是倒立的，比物体小。

在球心内的话，所成的像是正立的，比物体大。

能得出这些结论，明显是认认真真做了不少实验，可惜还不够完善。

我们现在知道，凹面镜的成像相当复杂，要分情况讨论：

物体在球心外的话，产生一个倒立的实像，比物体小，在镜面另一侧。

在球心处的话，产生一个倒立的实像，和物体等大，在另一侧。

在球心和焦点之间的话，产生一个倒立的实像，比物体大，在另一侧。

在焦点处的话，不成像。

在焦点内的话，产生一个正立的虚像，比物体大，在同一侧。

到了战国，铜镜制作工艺已经相当厉害了。它们大多是平面镜，也有微凸面镜，可以在镜面比较小的情况下收到照出整张脸的效果。凹面镜主要是用来取火的阳燧（指用铜或铜合金做成的铜鉴状器物；燧，suì），把艾绒之类的可燃物放在焦点处，就可以聚集阳光，点起火来。

“《墨经》光学八条”的核心内容都进了中学物理课本。

墨子对声学也很有研究，发现了共振会引起声音放大的现象。

弟子禽滑釐（lí）问，该怎样防范敌人挖地道攻城？

墨子说，可以在城里每隔三十尺挖一口井，把小口大肚的陶罐放进去，罐口紧紧绷着薄牛皮，派耳朵灵敏的人趴上去监听，如果确定了敌军在什么方位挖地道，就在相应的方位挖地道迎击。

《墨子》里有《备城门》《备高临》《备梯》《备水》《备穴》和《旗帜》《号令》《杂守》等等，堪称一部“墨家兵法”，而且融入了许多硬核知识。不管敌军怎样进攻——云梯、放火、引水灌城、堆起土山居高临下，墨家都有办法破解。

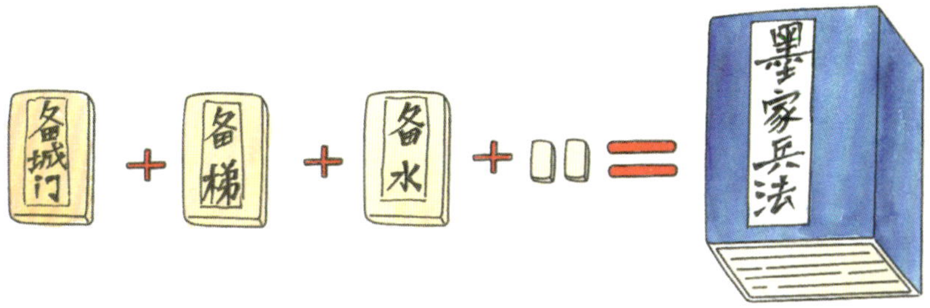

墨子的门徒非常多，在战国时期影响也非常大，和儒家并称“儒墨显学”。按照《吕氏春秋》的说法，这两家“弟子徒属（门徒，部属）充满天下，皆以仁义之术教导于天下”。

墨子去世后，墨家分裂成相里氏之墨、相夫氏之墨、邓陵氏之墨三派。进入秦汉时期，法家、道家（黄老一派）、儒家的观点先后变成了治国思想，墨家却“不招待见”，慢慢衰落下去。

为什么？

一方面，“非攻”和“尚贤”之类的主张，统治者十分不喜欢，而且统治者非常提防墨家这种严密的民间组织。另一方面，要像墨子那样“摩顶放踵（不辞辛苦，头顶到脚跟都擦伤了）以利天下”、不顾自身得失，实在太难了，没几个人能做到。

清中期以后，西学东渐，学者们在整理古籍的时候，才重新发现了墨子思想的价值。

梁启超说，“在吾国古籍中，欲求与今世所谓科学精神相悬契者，《墨经》而已矣，《墨经》而已矣。”

梁启超说这句话，有很强的现实需求——希望激发当时中国人的自信心，鼓励大家学习现代科技，却也清清楚楚说明了，《墨经》里有不少“现代”元素，在湮没两千余年以后，又闪现出不可忽略的光芒。

中科院研制的全球首颗空间量子科学实验卫星，就叫“墨子号”。

论衡

有些问题，从古到今大家都在琢磨——

包括人在内的天地万物，是从哪里来的？

有鬼神吗，人死了以后会到哪里去？

是古时候比现在好，还是反过来？你想过吗，会是怎样的？

再离谱也不要紧，哪怕是阶段性的“标准答案”，也总在发展变化。

不过，可以看看别人的答案！

比如说，王充的《论衡》。

“衡”这个字，本来的意思是天平。《论衡》就是把当时的言论放在天平上，称出它们的价值。

王充何许人也?

王充，字仲任，出生于东汉光武帝建武三年(27年)。

他的祖辈武力值都挺高，一言不合就动手，结果得罪了不少人。遇到灾年，日子不好过，就去拦路打劫，更是招人讨厌。

他父亲王诵德行也不好，和哥哥王蒙一起“勇势凌人”，起初住在钱塘，和那里的豪强丁伯家结下了仇怨，于是收拾细软，全家搬到上虞（现在的浙江绍兴）。

按照王充在《论衡·自纪篇》里的说法，他出生时家道早就破落了，算是“孤门细族”“贫无一亩庇身”“贱无斗石之秩”“宗祖无淑懿之基（祖先没有美好的德行作为基础；懿，yì）”。

王充小时候不怎么合群，别的孩子喜欢爬树、逮鸟、捉知了，他从来不参加，父亲很惊奇。

他六岁开始读书写字，八岁进了书馆。书馆里有一百余个孩子，有的字太难看，有的总捣乱，都被先生打骂了。只有王充不犯错，字越来越好，没受过责罚。

大约在建武二十年，王充由于成绩出色，被保送到太学读书。

太学在都城洛阳，是当时全国的最高学府，典籍和名师都在那里，称得上有志青年们的“梦中情校”。

他跟随班彪学习，和小他五岁的班固也是朋友。

班彪是著名经学家、文学家、历史学家。大儿子班固是《汉书》的作者，小儿子班超投笔从戎，收服西域各国，被封为定远侯。女儿班昭在哥哥去世后，整理完成了《汉书》。

王充喜欢博览群书，不死记具体文句。他没有多少钱，经常去逛洛阳集市上的书摊，读一遍就能够背诵，所以对诸子百家都相当熟悉。

在洛阳学习十几年以后，他到了地方上，担任功曹（辅佐郡守或县令的小官）。他不止一次给上级提意见，都没被采纳，于是辞职离开。

汉章帝听说王充有才学，下旨接他进京，他却不巧生了病，没去成。

虽然遭遇坎坷，他心态却很不错，“忧德之不丰，不患爵之不尊；耻名之不白，不恶位之不迁（担心自己的品德和名声不够完善，而不担心官爵高低之类现实利害）”，活到了七十岁左右。

根据《后汉书》记载，他“以为俗儒守文，多失其真，乃闭门潜思，绝庆吊（喜事和丧事）之礼，户牖（yǒu，窗户）墙壁各置刀笔（他认为庸俗的读书人拘泥于文字，大多失去了儒家思想的真谛，于是闭门思考，谢绝一切庆贺、吊丧等礼节，在窗户、墙壁上都放着刀笔，想写文章随时就能动手）。著《论衡》八十五篇，二十余万言”。

《论衡》都吐槽了什么?

当时儒家的宗教色彩非常浓厚,大家普遍觉得这世上是有鬼神的。

秦始皇和汉武帝幻想长生不老,派了许多人替他们寻找仙药,然而都落空了。

西汉中期,武帝“罢黜百家,独尊儒术”。

大儒董仲舒提出“天人合一”和“天人感应”,也就是说,天是神秘莫测、威力无边的,像人一样有自己的意志,可以用风调雨顺或降下灾害来体现。而皇帝是“天子”,权力和地位都是天赐予的,代表天来统治人间。

如果出现了日食月食、冬天打雷、虫害之类“灾异”,就说明皇帝或大臣犯了错,天在警告他们。

一有水旱灾害或异常天象,皇帝就会让丞相、太尉、御史大夫这“三公”承担责任,罢免他们。

到了东汉，谶(chèn)纬越来越流行。

“谶”是预测吉凶的话，相当含糊难懂，像猜谜，怎么解释都行，和现在的求签差不多。

“纬”是用方术、神学迷信之类去解释儒家经典的书，当时儒家的宗教色彩非常浓厚。

光武帝刘秀打天下的过程中，就利用了谶纬，所以对这类东西非常推崇。

处理重大问题，不管是用人还是颁布新政策，都要看看谶纬怎么说。

纬书的地位，甚至超过了经书。

很多纬书的名字奇奇怪怪，像玄幻小说。《春秋》的纬书就有《春秋演孔图》《感精符》《璇玑枢》《河图揆（kuí）命篇》《瑞应传》《考灵曜（yào）》等等。

王充表示，这些都是胡说八道！

他在《雷虚篇》里提出，雷电劈死人，不是因为那个人有罪，招来了天的惩罚。

雷电是一种自然现象，成因是“天地为炉大矣，阳气为火猛矣，云雨为水多矣，分争激射”，不是什么“天怒”。

画工觉得，雷有形状，就像把很多鼓连在一起。而雷公是大力士的样子，左手拉着连在一起的鼓，右手举着槌去敲。

在王充看来，这根本讲不通。钟鼓不能凭空悬挂，必须有稳当的支架，才能发出响声。雷公如果没有固定的形体，就不能被画下来；如果有固定的形体，他的脚又踩在哪里呢？

按照后来的科学理论，雷电之所以形成，是因为带正反电荷的云层之间、带电荷的云层和地面之间产生了感应电场，电压达到一定程度就可以击穿空气，出现大规模放电。

这么一对比，王充的解释当然不够准确。然而他能不怕迷信、大胆说话，已经非常厉害了。

当时有人说，害虫吃庄稼，是因为出了贪官污吏。害虫如果身上黑脑袋红，干坏事的就是武官；如果身上红脑袋黑，干坏事的就是文官。把对应的贪官污吏逮出来惩罚，害虫就会自己无影无踪。

王充在《商虫篇》里反驳说，害虫的种类那么多，有全是青色、全是白色、身上黄脑袋黑、身上白脑袋红的，又都对应什么官吏呢？

他观察到，害虫需要一定的生长条件："甘香渥（wò，浓厚）味之物，虫生常多。"

而且，"虫之生也，必依温湿。温湿之气，常在春夏。秋冬之气，寒而干燥，虫未曾生。"要是说官吏都在春夏贪污、在秋冬廉洁，不搞笑吗？

大家也可以主动防治害虫，而不是一味等着它们消失。

管用的方法不少——

煮马粪汁浸泡种子。

把麦种在烈日下晒干，然后贮藏在干燥的器皿里……

王充写《论衡》这本书，为的是“冀（希望的意思）悟迷惑之心，使知虚实之分”。

他提出，包括人在内的天地万物都是由“气”构成的。“气”有阴有阳，是种统一的物质元素。所以后世说，他是唯物主义思想家。

自然界的各种变化只是“气”运动的结果，“人不能以行感天，天亦不能随行而应人”。也就是说，天没有意志，社会的政治、道德之类也和自然界的灾异无关。

在他看来，人无法长生不老，“人死血脉竭，竭而精气灭，灭而形体朽，朽而成灰土，何用为鬼？”因此薄葬就可以，人死后无知无觉，随葬的珍宝哪怕再丰厚，也没有意义了。

“凡天地之间有鬼，非人死精神为之也，皆人思念存想之所致也。致之何由？由于疾病。人病则忧惧，忧惧见鬼出。”

儒家一向“厚古薄今”，觉得周朝初年的制度最完美，后面都在倒退。

可是王充提出，没有理由说今人不如古人，都是人，能有多大区别？汉虽然在“百代之末”，却未必在“百代之下”，并不应该看轻它的功德。

王充相当敢说话，《论衡》里有《问孔篇》《刺孟篇》和《书虚篇》。

在他看来，“事莫明于有效，论莫定于有证”。哪怕是圣贤经典，如果看起来不合逻辑事理，前后矛盾，像编造出来的，就也要批评。

所以后世很多人看他不顺眼。乾隆皇帝读了《论衡》，虽然“喜其识博而言辩，颇具出俗之识”，却觉得这本书“背经离道”“犯非圣无法之诛”。

在清朝，喜欢刊刻和校注古书的学者不少，《论衡》却被“打入冷宫”了。“乱世惑民、诬及圣贤”的罪名，大家都不敢背。

《论衡》不是都对，确实有“钻牛角尖”的地方。我们要学的不是王充具体说了什么，而是他的品质：大胆质疑、独立思考、实事求是、热爱知识……

梦溪笔谈

在古代，能当官的大多数是“文科生”。

为什么呢?

隋唐以后，入仕的正途是科举。考试内容主要是诗赋、对时政的见解，和儒家的“四书五经”：

《论语》《中庸》《大学》《孟子》；《诗经》《尚书》《周易》《礼记》《春秋》。

唐朝人为什么不管喜欢不喜欢，都热衷于写诗?

因为科举要考，诗不好，就拿不了高分!

北宋第三代皇帝真宗赵恒写过一首《励学篇》：

“富家不用买良田，书中自有千钟粟。安居不用架高楼，书中自有黄金屋。娶妻莫恨无良媒，书中自有颜如玉。出门莫恨无人随，书中车马多如簇。男儿欲遂平生志，五经勤向窗前读。”

这样当然是有问题的！

科举选拔出来的人才，立刻就要去当官。考的和实际用到的东西完全不一样，那么多年书等于白读了，“高分低能”。

无论古今，偏科都不可以。

北宋有位著名学者胡瑗（yuàn），他“白衣而为天下师”，教导过太子。

他开办的学校里，设了“经义”和“治事”二斋。

“治事斋”教的都是“达用之学”：讲武、水利、算术、历法……要培养“致天下之治”的人才。

神宗时，王安石主持变法，也改革了科举制度，不再考华而不实的诗赋，“经义”和“时务”并重。

学好“理科”能做多少实事?

王安石的朋友沈括就证明给我们看了!

沈括，字存中，出生于仁宗天圣九年（1031年）。

可以治水——

至和元年（1054年），沈括出任海州沭（shù）阳县主簿，主持治理沭水。他动用几万民工，疏通常年淤塞的河道，建造了“百渠九堰”，开垦出良田七千顷。

嘉祐六年（1061年），哥哥沈披出任安徽宁国县令时，他参加了修筑芜湖万春圩（wéi）的工程，写出《圩田五说》《万春圩图记》等著作。

当时有人反对这样做，说：“圩水之所处，皆有蛟龙伏其下”，如果惊动了它，就会让百姓遭殃。

沈括根据科学原理，批驳了他们：“圩外大河之水穿堤，天长日久，其下不得不为渊，渊深而岸废。”也就是说，完全没有蛟龙作怪。

圩田是什么?

地势低洼的农田，四周修了土堤，不让外面的水进来。

它能防旱防涝，实现增产。然而占用了原先的湖泊或河道，如果过度开发，会破坏生态环境，反倒引起更严重的灾害。

可以改进天文仪器和历法——

神宗熙宁五年（1072 年），沈括提举司天监，也就是主持国家天文台的工作。

当时司天监里不少人庸庸碌碌，对天文几乎一无所知。于是，沈括改革机构、裁减冗员，召请平民卫朴修订新历法，也就是《奉元历》。

卫朴小时候家里很穷，热爱钻研天文和数学。他心算非常厉害，“能不用算推古今日月蚀，但口诵乘除，不差一算”。虽然失明了，然而他“运筹如飞，人眼不能逐。人有故移其一算者，（卫）朴自上至下手循一遍，至移算处则拨正而去（有人故意移动了一支算筹，卫朴从上到下摸了一遍，就知道哪里被移动了，让它复位）”。

“算”和“筹”指的是同一样东西：算筹。想知道它长什么样子、要怎么用，去翻一下《数学卷》里讲《九章算术》的那篇就可以。

沈括还改进了浑仪。
它是测量天体球面坐标的仪器，由一重重的同心圆环和窥管构成，整体看起来就像个球。
窥管是一根中空的管子，像后来的天文望远镜，不过没有镜头。
中国的天文仪器和星表用的都是赤道坐标系，而西方用的是黄道坐标系。
史书记载，西汉的落下闳（hóng）在创制《太初历》的时候，造出了浑仪。然而，它的发明可能更早。

古人相信“浑天说”：天是圆的，像蛋壳，星辰是镶嵌在上面的弹丸，地球是蛋黄。
每增加一个新的天文概念，就要在浑仪上增加一个圆环来表达。所以到了北宋，浑仪的环数越来越多，观测起来很不方便。
沈括简化了它：拿掉了测量月亮方位用的白道环，放大了窥管口径，还调整了一些圆环的位置，免得遮住太多天区，影响视野。

在这个基础上，元朝天文学家郭守敬将浑仪拆成了两个独立的仪器：简仪和立运仪。

可以研究地理——

熙宁九年，沈括奉神宗旨意，开始编绘《天下州县图》，又叫《守令图》，花了十二年才完成。

中间经历了很多很多：忙着做官、出守边疆、两次被贬……他却一直没有放弃。

《守令图》全套共有二十幅，比例是 1:900000，内容非常详细、精确。

两个地点之间的距离到底是多少，要怎么标出来呢？

之前许多地图用的是沿着道路步测的距离。然而道路常常不止一条，有的曲里拐弯，有的笔直，数据差得就太多了。

所以沈括决定，要用“鸟飞之数”！

也就是说，水平直线距离，像鸟在空中往下看一样，和现在的航拍差不多。哪怕中间隔着山川河湖，没办法直接走过去，数据也不受影响。

可惜后来南宋战火连连，这套地图被毁掉了，没能传到后世。

视察边防的时候，沈括还发明了立体地图。

沈括说：“予奉使按边，始为木图，写其山川道路。其初遍履山川，旋以面糊、木屑写其形势于木案上。”

“未几寒冻，木屑不可为，又熔蜡为之。皆欲其轻，易赍（jī，携带）故也。”（没过多久，天太冷了，木屑不好用，就熔化了蜡去做。选这些材料，是因为它们都轻，方便携带）

“至官所，则以木刻上之。上召辅臣同观，乃诏边州皆为木图，藏于内府（皇宫里的仓库）。”

这种立体地图就像现在的沙盘，比平面的要直观得多，一看就懂，能够用来分析敌情、挑选合适的战场、调兵遣将。

在西方，700 多年后，瑞士人才造出了类似的地形模型。

《宋史》中有沈括的传记，说他“博学善文，于天文、方志、律历、音乐、医药、卜算无所不通，皆有所论著”。

神宗元丰五年（1082 年），西北边关的永乐城失陷，损失了一万两千余名将士。

沈括在这件事上有失误，要负责任，于是先被贬到随州（今湖北省随州市）。

三年后又迁到秀州（今浙江省嘉兴市），离他的故乡杭州不远。

哲宗元祐四年（1089 年），他举家搬到早年在润州（今江苏省镇江市）买下的梦溪园，归隐了。绍圣二年（1095）病逝，享年 65 岁。

在这郁闷的十三年里，沈括写下了《梦溪笔谈》。在序言里，他说：

“予退处林下，深居绝过从（不怎么出门，也不和别人交际），以思平日与客言者，时纪一事于笔，则若有所晤言，萧然移日（寂寞地一天天过下去）。所与谈者，唯笔砚而已，谓之‘笔谈’。”

《梦溪笔谈》不光是科技著作！

全书有600多个条目，沈括想到哪就写到哪，所以内容非常丰富，一生的见闻和想法都在里面了：

职官和礼仪、打仗、外交、奇人怪事、乐器和曲谱、音韵和文字、鉴赏书画、收藏古董……

士大夫会的、喜欢的，他都会、都喜欢。

不过最重要也最好玩的当然是与科技相关，占了三分之一还多。

比如说，“石油”这个名字，就是他起的：

“生于水际，沙石与泉水相杂，惘惘（慢慢流淌）而出。土人以雉尾挹（yì，沾、盛）之，乃采入缶（fǒu，小口大肚子的瓦罐）中。”

“颇似淳（‘纯’的通假字）漆，燃之如麻（麻秆），但烟甚浓，所沾幄（wò）幕皆黑。”

“余疑其烟可用，试扫其煤以为墨，黑光如漆，松墨不及也。遂大为之，其识文为‘延川（现在的陕西延安）石液’者是也。”（我把它点着了，试着收集烟灰来制墨，比按照常规燃烧松枝做出来的墨还要好，乌黑光亮，于是又生产了不少，还给它起了个品牌名“延川石液”）

“此物后必大行于世，自余始为之。盖石油至多，生于地中无穷，不若松木有时而竭。”

现在看看，他是不是“预言家”？

我们熟悉的“四大发明”，《梦溪笔谈》里就介绍了两种。
一种是印刷术——
“庆历中有布衣毕昇，又为活板。其法用胶泥刻字，薄如钱唇，每字为一印，火烧令坚。”

“先设一铁板，其上以松脂、蜡和纸灰之类冒之。欲印，则以一铁范置铁板上，乃密布字印，满铁范为一板，持就火炀（yáng，烤）之，药稍熔，则以一平板按其面，则字平如砥（dǐ，磨刀石）。”

“若止印三二本，未为简易；若印数十百千本，则极为神速。常作二铁板，一板印刷，一板已自布字，此印者才毕，则第二板已具，更互用之，瞬息可就。”

“每一字皆有数印，如‘之’‘也’等字，每字有二十余印，以备一板内有重复者。不用则以纸帖之，每韵为一帖，木格贮之。有奇字素无备者，旋刻之，以草火烧，瞬息可成。”

“不以木为之者，文理有疏密，沾水则高下不平，兼与药相粘，不可取。不若燔（fán，烧）土，用讫（qì，完毕）再火令药熔，以手拂之，其印自落，殊不沾污。”

毕昇只是普通百姓，所以对他的生平，我们知道的非常少。要是没有沈括的这段记载，他和胶泥活字就会彻底被忘掉，湮没在历史的尘埃里。

关于活字印刷，想知道更多的话，去翻一下《农耕卷》里讲《王祯农书》的那篇就可以。

另一种是指南针——

“方家（精通某种学问、技术的人）以磁石磨针锋，则能指南。然常微偏东，不全南也。”

“水浮多荡摇，指爪及碗唇上皆可为之，运转尤速，但坚滑易坠，不若缕（丝线）悬为最善。”

“其法取新纩（kuàng，丝绵）中独茧缕，以芥子许腊（菜籽那么小的一点蜂蜡）缀于针腰，无风处悬之，则针常指南。”

也就是说，用磁石摩擦缝衣针，就能将它人工磁化。指南针有四种操作方法，最好的是用丝线挂起来，既可以减小摩擦力，又可以让这个装置保持稳定。

沈括已经发现，地理南北极和地磁南北极是不重合的，存在磁偏角。

现在我们知道，地球是一个大磁体，地理北极对应地磁南极，地理南极对应地磁北极。

长江下游一带磁偏角非常小，要非常认真仔细才可能观察到。

沈括为什么能这样多才多艺，上知天文下知地理？

他自己给出了答案！

要像儒家经典《中庸》里说的那样，“博学之、审（仔细）问之、笃行之”。

也就是说，要读万卷书行万里路，还要有实事求是的科学精神，不怕辛苦。这也是北宋盛行的学风。

在进行天文观测时，整整三个月，他将初夜（18 到 22 点）、中夜（22 到 2 点）、后夜（2 到 6 点）看到的星空都画了下来，总共 200 多幅。

司天监里有些人偷懒，不去实测，胡乱编出了一堆数据，拿去交差。和沈括的这些图一对照，就露馅了。

对各种知识要融会贯通，“苟非得之于心而恃书以为用者，未见能臻其妙”。

如果不自己动手实验，只是看别人怎么说、怎么写，就学不到真东西。

而且要专注、持之以恒，不能看到什么新东西好玩，就把原先手上的丢开不管了。

“人之为学，不专则不能。”

“欲其粗善，必稍删其多歧，专心致意，毕力于其事而后可。”

人的精力是有限的，要讲轻重缓急。哪怕像沈括这样的“大神”，也是把一个方向钻研透了再开始下一个，而不是同一时间“遍地开花”。

我们呢？要掌握的还有那么多，那么多……

如果想知道，在明朝人们怎样过日子，问谁才合适呢？
吃饭穿衣、盖房子、添首饰、摆酒请客、出远门、写字画画……要用到的东西，都从哪里来？

“17世纪的工艺百科全书”《天工开物》，都可以告诉我们！

不管学什么，都要到全天下最专业的地方！

所以，写到采桑养蚕、丝织业，举的例子就是嘉兴和湖州。
写到种甘蔗做糖，举的例子就是福建和广东。
写到烧瓷器，举的例子就是景德镇。

光白纸黑字地写，之前根本没见过，想象不出来怎么办？

好办，配插图！

跟着这本书，我们一起来看看，做出这么个不起眼的青花瓷罐，到底有多难？

按照《天工开物》里的说法，“共计一坯（pī）工力，过手七十二方克成器”！

要大老远把合适的土运回景德镇来，一软一硬两种混合，效果才理想。

用臼捣上整整一天，倒进缸里淘洗。浮在水面上的是细料，沉底的是粗料。

把选好的泥烤干，加水，造出瓷坯。不断练习，才能“功多业熟，即千万如出一范”。

修整以后，用颜料画出图案。现在是黑色，过了火，就是漂亮的青碧色。

上一层釉，是透明的，质地像玻璃。先把釉浆倒进去，轻轻摇晃，让它在里面分布均匀，再用指尖蘸着釉浆在外面涂一圈，让它自然流下去。

装进匣钵（bō）里，入窑，点火。先自下而上烧十个时辰（20小时），再自上而下烧两个时辰。

整个流程中，分工非常细致、严密，大家都只负责自己那一环。这样对效率、质量都有好处。

在开篇，作者宋应星就说得清清楚楚：“此书于功名进取，毫不相关也！”
这么斩钉截铁，是为什么呢？
宋应星一生的故事，又是什么样子？

宋应星，字长庚，出生于万历十五年（1587 年）。
他是江西奉新人，曾祖父宋景考中了进士，一直当到左都御史，去世后追赠吏部尚书，是响当当的一品大员。
可是宋应星出生时，家里已经没那么宽裕了。所以亲人都盼望着，他和哥哥宋应昇能取得好成绩，光宗耀祖。
功夫不负有心人，万历四十三年，兄弟俩都中举了！
宋应星第三，宋应昇第六。那年江西考生有一万余人，中举的却只有 109 人，比现在考上名牌大学还不容易。

前途好像一片光明：如果考中了进士，就能……

然而，兄弟俩考了一次又一次，始终榜上无名。

科举是很贵很贵的——

要专心读书，就没时间赚钱；去考试的路费之类，也是好大一笔钱。

家里撑不下去了。崇祯四年(1631年)，宋应昇去当了浙江桐乡县令这个“芝麻官”。崇祯八年，宋应星去当了江西省袁州府分宜县学教谕，也就是秀才们的老师。

当时的考试内容，只是“四书五经”和死板的八股文。

宋应星一直“不务正业”，觉得音乐、看星星、种地、学门手艺……

那么多和考试不沾边的学问，都特别有意思。

而且，书呆子也太多了！衣来伸手饭来张口，四体不勤五谷不分。

《天工开物》讲的究竟是什么?

书名的出处，是《尚书》里的“天工人其代之”和《易·系辞》里的“开物成务”。

“天工”是和“人工”相对应的，也就是非人力的自然；“开物”指的是对物的开发、利用。

全书一共 18 篇：

《乃粒》讲的是怎么种粮食。

《乃服》讲的是怎么养蚕、织布。

《彰施》讲的是怎么染色。

《粹精》讲的是怎么加工粮食。

《作咸》讲的是怎么熬盐。

《甘嗜》讲的是怎么种甘蔗做糖、养蜂酿蜜。

《膏液》讲的是怎么榨油。

《陶埏（yán）》讲的是怎么烧出砖瓦、瓷器。

《冶铸》《锤锻》讲的是怎么把金属变成各种器物。

《舟车》讲的是怎么造船、造车。

《燔（fán）石》讲的是怎么烧石灰、煤、各种矾、硫黄……

《杀青》讲的是怎么造纸。

《五金》讲的是哪里出产金、银、铜、铁、锡、铅，及怎么加工它们。

《佳兵》讲的是怎么造出兵器，有冷也有热。

《丹青》讲的是颜料。

《曲糵（niè）》讲的是酒曲。

《珠玉》讲的是珍珠、宝石、玉、玛瑙、水晶、琉璃。

各卷的名字看起来奇奇怪怪，但都是从经典古籍里挑的。

比如说，《尚书》里的“以五彩彰施于五色，作服”。还有《老子》里的“夫佳兵者，不祥之器，物或恶之，故有道者不处”（所以，锋利的兵器，是不祥的器物，是大道所厌恶的，是有道的人不想要去拥有的）。

在古代，农业还好，手工业却一直被读书人看不起。

唐朝大文学家韩愈在《师说》里就提到“百工之人，君子不齿”。

大家都觉得，“万般皆下品，惟有读书高”。

宋应星替他们抱不平！

他很不解，为什么发明船和车的人没能被后世封神、享受香火呢？他们完全有这个资格。

宋应星的书房叫“家食之问堂”。也就是说，他关心的是平常过日子的学问，好像没什么了不起，然而谁都离不开。

最重要的是务实，面子和架子是什么，能吃吗？不懂就得去请教！

《天工开物》是对中国古代各项技术的系统整理。这一点，已经足够了不起。

农民和工匠不识字，要是没有他，经验只能口口相传，运气不够好就会被忘掉，像没有出现过一样。

光记下别人的就够了吗？宋应星可没这么容易满足！

错了的要一条一条改过来，不管流传得有多广。

古人说，蛇的肚子里、龙的下巴、鲛（jiāo）皮上都有珍珠。

“合浦珠还”的典故，大家也都熟悉：有清官去上任，“逃跑”的珍珠就会纷纷回到之前的地方。

这些都不靠谱！

“凡珍珠必产蚌腹……凡珠生止有此数，采取太频，则其生不继。经数十年不采，则蚌乃安其身，繁其子孙而广孕宝质。所谓珠徙珠还，此煞定死谱，非真有清官感召也。”（人们不干扰贝，让它们休养生息，珍珠产量就会提高。这是自然规律，和清官感召没什么关系）

原来几百年前，就知道要讲环保了！

而且，书里能找到很多很多统计数据。

水稻的秧苗长出来三十天，就要分栽，再拖下去“老而长节”，会严重减产。

一亩秧苗，可以分栽进二十五亩水稻田。直到近代，江西农村的情况也差不多。

不同作物出油率是不一样的：
胡麻与蓖麻子、樟树子，每石得油四十斤。
莱菔（lái fú，萝卜的别名）子，每石得油二十七斤。
冬青子，每石得油十二斤。
黄豆，每石得油九斤。
棉花子，每百斤得油七斤。
……

这些精确的定量数据从哪里来？

“皆须试见而后详之”！

也就是说，重视实验和调查研究，尽量亲自动手。人命关天的事，容不得半点马虎。

有些人急着当官，朝廷喜欢什么，比如说火药和火器，就匆匆忙忙写本书献上去，“未必尽由试验”。

宋应星可看不惯。做人要老实要心诚，那样非常不负责任！

《天工开物》受过的委屈、吃过的苦，不比宋应星自己少。

出版后不到十年，明朝就灭亡了。

没多久，清军南下，南明小朝廷也灭亡了，宋应昇那时候已经当到广州知府，服毒殉国。

宋应星晚年一直隐居，彻底从史书上消失了，连是哪年去世的都不知道。

他和宋应昇的子孙都甘守贫困，不参加清朝的科举，不当官。

近 200 年里，这本书在国内几乎失传。为什么呢？

宋应星已经料到了，它不是“教辅”，换不来名利，感兴趣的人自然没那么多。

更麻烦的是，乾隆皇帝下旨编纂《四库全书》，想把全天下的书都过一遍筛子，如果有“犯忌讳”的内容，要么删改，要么直接毁掉。

《天工开物》里有“北虏”“东北夷”之类的词，被理解成“反清”，就没有收入《四库全书》，慢慢被忘掉了。

然而，“墙内开花墙外香”！

《天工开物》17 世纪传入日本，很受欢迎，印刷了好多次。旨在富国济民的“开物之学”，就是在这本书的影响下兴起的。

19 世纪，法兰西学院汉学家儒莲（Stanislas Julien）翻译了这本书的一部分。

当时欧洲的蚕纷纷得了病，不吃东西，颜色暗淡，大批死去，生丝严重减产。

关于养蚕，《天工开物》里正好有一套完整经验，介绍到欧洲以后，帮了不小的忙。比如说，对病蚕要“急择而去之，勿使败群”。

宋应星用蚕蛾做过杂交实验，“若将白雄配黄雌，则其嗣变成褐茧”。还观察到，“凡蚕形亦有纯白、虎斑、纯黑、花纹数种，吐丝则同。今寒家有将早雄配晚雌者，幻出嘉种，一异也”。

达尔文读到了，就在《动物和植物在家养下的变异》里举了中国古代桑蚕业的例子，来论证人工选择和生物进化。

主编《中国科学技术史》的英国学者李约瑟说，宋应星是“中国的狄德罗”。

狄德罗是法国启蒙运动中“百科全书派”的代表人物，牵头编纂了《科学、美术与工艺百科全书》，反对君主专制，提倡自由平等。

没有启蒙运动，就没有后来的法国大革命。

宋应星埋头写书的时候，欧洲的科学家们又在忙什么呢？

在意大利，伽利略发表了《关于托勒密和哥白尼两大世界体系的对话》，批评地心说，支持日心说。

几十年后，牛顿出版了《自然哲学的数学原理》，提出了经典力学三大定律、万有引力定律。

对比来看，《天工开物》的特点和遗憾，可以说也是中国古代科技的特点和遗憾——

很大程度上是经验总结，想到哪写到哪，没有完整的理论体系。

停留在实用层面上，影响不了政治制度、思想观念，容易“后劲不足”。

参考文献

[1] 金秋鹏 . 中国科学技术史：人物卷 [M]. 北京：科学出版社，1998.
[2] 江晓原 . 中国古代技术文化 [M]. 北京：中华书局，2017.
[3] 江晓原 . 中国科技通史：医学、算学、博物学 [M]. 南宁：接力出版社，2019.
[4] 闻人军 . 考工司南：中国古代科技名物论集 [M]. 上海：上海古籍出版社，2017.
[5] 骈宇骞，李解民，盛冬铃 . 武经七书（插图版）[M]. 北京：中华书局，2020.
[6] 戚继光 . 纪效新书 [M]. 北京：中华书局，2017.
[7] 李硕 . 南北战争三百年：中国 4—6 世纪的军事与政权 [M]. 上海：上海人民出版社，2018.
[8] 马伯英 . 中国医学文化史 [M]. 上海：上海人民出版社，2010.
[9] 于赓哲 . 唐代疾病、医疗史初探 [M]. 北京：中国社会科学出版社，2011.
[10] 袁珂 . 山海经校注（最终修订本）[M]. 北京：北京联合出版公司，2022.
[11] 刘宗迪 . 失落的天书：《山海经》与古代华夏世界观 [M]. 北京：商务印书馆，2006.
[12] 段成式 . 酉阳杂俎 [M]. 上海：上海古籍出版社，2012.
[13] 洪迈 . 夷坚志 [M]. 北京：中华书局，2006.
[14] 玄奘，辩机 . 大唐西域记校注 [M]. 北京：中华书局，2000.

科技卷

墨子
战国初期宋国思想家、教育家、科学家、军事家，墨家学派创始人。

王充
字仲任，东汉思想家、文学批评家、唯物主义哲学家，无神论者。

沈括
字存中，北宋科学家、政治家。

宋应星
字长庚，明代科学家。

ISBN 978-7-5471-3008-7
9 787547 130087 >
定价：199.00 元

中国典籍
喵懂
地理卷
大唐西域记
星球地图出版社
STAR MAP PRESS
国家一级出版社
全国百佳图书出版单位

喵懂中国典籍

地理卷

聿知 Yu Zhi
文字撰写　王宸　叶金辔
编　　制　星球地图出版社

星球地图出版社 STAR MAP PRESS
国家一级出版社
全国百佳图书出版单位

图书在版编目（CIP）数据

喵懂中国典籍．地理卷 / 王宸，叶金谮撰．-- 北京：星球地图出版社，2025．-- ISBN 978－7－5471－3008－7

Ⅰ．Z422-49

中国国家版本馆 CIP 数据核字第 2024960MU1 号

责任编辑 张 越 高 帅
图书编辑 高 帅
排版设计 樊羽菲 高 芳
文字撰写 王 宸 叶金谮
封面设计 王 静
插画绘制 谢步平 王少波 程建新 支少卿 潘艺晶 周 磊
出版审订 郝 刚 左 伟

喵懂中国典籍（地理卷）

出版发行 星球地图出版社
地址邮编 北京市海淀区北三环中路 69 号 100088
网　　址 www.starmap.com.cn
印　　刷 北京印刷集团有限责任公司
经　　销 新华书店
开　　本 285 毫米 ×285 毫米 12 开
版　　次 2025 年 3 月第 1 版
印　　次 2025 年 3 月第 1 次印刷
定　　价 199.00 元（全 7 卷）

联系电话：010-82028269（发行）、010-62272347（编辑）

目录

禹贡地域图（失传）

中国最早的地图是什么样子？

根据传说，治水成功以后，大禹将天下划分成九州，让州牧（行政长官）进献青铜，铸造了对应九州的九鼎，每口鼎上都刻着那个州的名山大川、物产、草木禽兽、神灵精怪等等。

历史上，九鼎是至高权力的象征，"问鼎中原""一言九鼎"之类的成语都和这有关。

不过可惜的是，在战国末年或者秦朝灭亡时，九鼎神秘失踪了，不管后世花多大力气寻找，都没有出现。

所以，九鼎有没有真正存在过、它们身上的纹样到底是不是地图，成了未解之谜。

1986年，甘肃天水放马滩一号墓出土了7幅画在松木板上的地图，不光标出了行政区域，还特别强调林木之类资源的分布和运输，非常实用。

中国目前发现的所有地图当中，它们的绘制年代最早。

这座墓的年代还不确定，大致在战国中晚期，学者们推测是秦王政八年（公元前 239 年），或者是他祖爷爷秦昭襄王年间。地图的绘制年代，只会比下葬时间更早。

墓主人名叫丹，天文、历法、音律、占卜无所不通，随葬品还包括毛笔、算筹、木尺等，这 7 幅地图很可能是他经过实地勘测，亲手画下的。

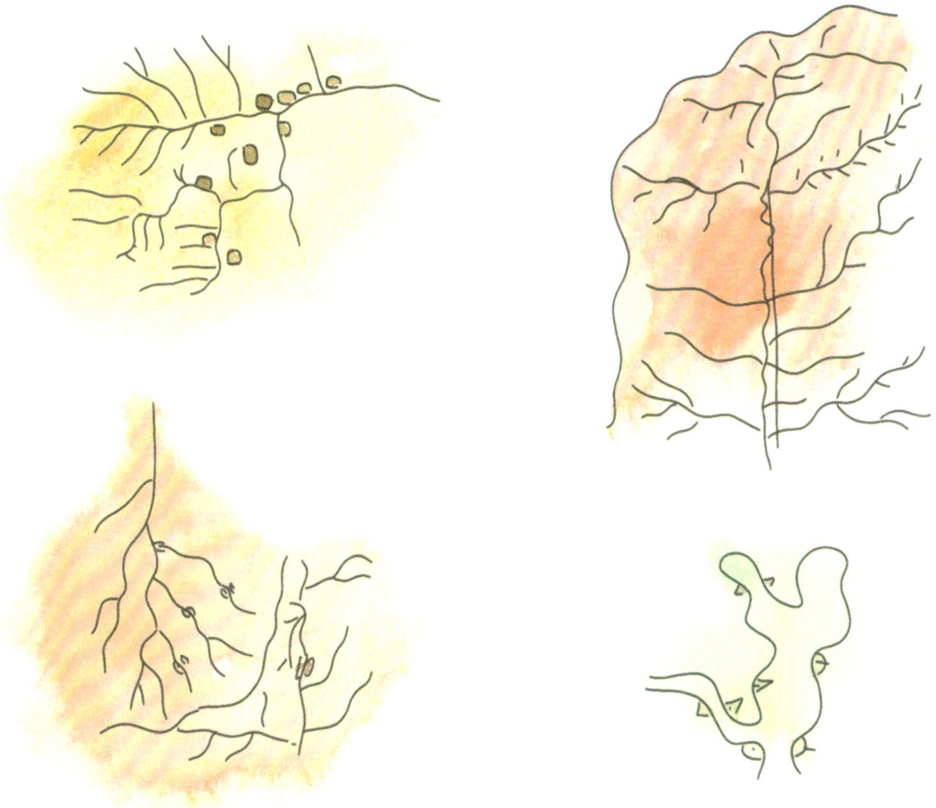

现代地图的“四大要素”：地形、水系、居民点、交通线，在放马滩地图上，都已经有了相应的符号，虽说由于经验不够，有点粗糙。

这组地图用两个半月形符号夹住河道，表示峡谷；用小亭子一样的符号表示女娲庙。这两种符号一直沿用到今天，看了就懂。

放马滩地图的整体“骨架”是水系。在精密的经纬度测绘出现之前，这样做最靠谱——只要水系画对了，别的要素就都没那么难表现。

它成了中国地图的传统，到现在还是绘制区域地图的基本方法。

1973 年，湖南长沙马王堆三号墓又出土了画在丝帛上的地图，一幅是《地形图》，一幅是《驻军图》。

墓主人死于西汉文帝十二年（公元前 168 年）左右，生前是长沙国派驻南部边境的将领。他相当“敬业”，哪怕到了另一个世界，还要带上琢磨过不知多少遍的地图。

和放马滩地图相比，这两幅地图“进化”了，精致得多也规范得多——

《地形图》主要画的是潇水（湘江上游最大的支流）流域。

用闭合曲线表示大范围山脉走向，再用鱼鳞一样层层叠叠的符号表示能望见的主要山峰，已经和现在的等高线法差不多了。

值得注意的是，我们熟悉的地图都是上北下南，可它是上南下北！

《驻军图》是世界上现存最早的彩色军事地图。

跟带兵打仗有关的内容，用朱红色突出表示；河流之类的地理要素只是背景，用浅色表示。这和现代专门地图的多层平面表示法也差不太多。

主次分明，才能好读好记，免得眉毛胡子一把抓，越看越乱。

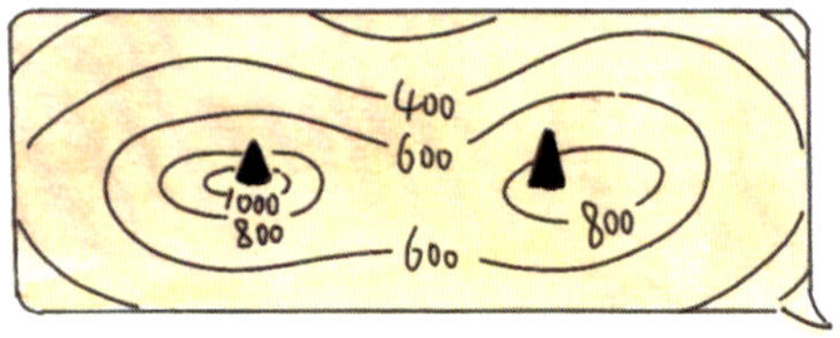

在古代，地图的意义非同寻常，不管是打仗还是治国，都离不开上面标出来的信息。

荆轲刺秦王的时候，就是把匕首卷在他进献的督亢地图里，所以才有了“图穷匕见”这个典故。进殿之前要经过严格的搜查，把匕首藏在身上是行不通的。

秦朝末年，群雄并起。刘邦第一个进入都城咸阳，手下的将领都去库房抢金银珠宝，想大捞一笔。萧何却“收秦丞相、御史律令图书藏之”，这里的“图”，就包括地图。

后来的楚汉战争当中，这些资料帮了大忙。刘邦能详细知道“天下阨（è）塞、户口多少、强弱之处、民所疾苦”，都是因为萧何立下的这桩功劳。

既然地图会影响国计民生，怎么把它画准、画清楚，当然是不得了的大事。

奠定中国传统地图学理论基础的，是裴秀。

他字季彦，河东闻喜（现在属于山西）人，生于魏文帝黄初五年（224年）。

他的家族“河东裴氏”在魏晋时期相当显赫，祖父裴茂和父亲裴潜都当过尚书令，总揽一切政务，直接对皇帝负责。

裴秀从小喜欢学习，八岁时就会写文章。他的叔父裴徽在当时名望很高，经常有客人上门。有些客人拜见过裴徽，还要去和十几岁的裴秀聊聊天，对他的才华和见识欣赏有加。

然而裴秀的生母是小妾，嫡母（他父亲的正妻）宣氏不把她当回事，让她像丫鬟一样给客人端饭菜，客人见到她，都站起来行礼。裴秀的母亲说：“我这样微贱，客人尊敬我，应当是为了儿子的缘故。”宣氏知道了，就不再轻视她。

二十多岁时，裴秀踏上仕途。当时曹爽掌握辅政大权，听说他学问渊博、品德高尚，就让他当了自己的属官。

裴潜去世后，裴秀继承了清阳亭侯的爵位。

正始十年（249 年），“扮猪吃老虎”的司马懿发动高平陵之变，杀掉曹爽。裴秀被牵连，丢了官。

不过，司马懿的儿子司马昭信任裴秀，给了他更多发挥才能的机会。司马昭的儿子司马炎之所以被立为继承人，也多亏了裴秀帮他说好话。

后来司马炎称帝，建立西晋，史称晋武帝。裴秀像父祖一样成了尚书令，负责创制朝廷礼仪和法律，还获封钜（jù）鹿郡公，食邑三千户。

后来，裴秀当上了司空（负责军政的最高长官之一），掌管土地和人民。他能在地图学上取得那么大成就，和这个职务有直接关系。

晋武帝泰始七年（271 年），裴秀服食寒食散后不小心喝了冷酒，中毒去世。司马炎非常痛惜，给他谥号“元”。

寒食散又叫五石散，是由石钟乳、紫石英、白石英、石硫磺、赤石脂合成的，据说可以防病，让人精神爽朗、气色红润，所以在名士圈子里非常流行。

然而它药性燥热，长期服食就像“吸毒”，会得上各种怪病。为了把毒性和热度散发掉，需要多吃冷饭、穿单薄宽松的衣服、多走路、喝烫热的好酒、洗冷水澡。

鲁迅有一篇著名文章《魏晋风度及文章与药及酒之关系》，讨论的就是寒食散。“竹林七贤”都借着嗑它，放纵情怀，抒发对时代的不满，做出许多在世人看来荒唐张狂的事。

担任司空时，裴秀发现，由于时间太过久远，古时候的不少地名都变了，后来的解释又牵强附会、错误百出，彻底成了一团糨糊。

于是他在门客京相璠（fán）的协助下，搜集史料进行考证，绘制了一套《禹贡地域图》，共十八幅。

他的态度相当严谨，要是有哪里拿不准，宁可空着也不敷衍了事。

完成以后，晋武帝下令，把它收藏在秘府（宫廷图书馆）里。

“禹贡”是什么意思？

它是儒家经典《尚书》里其中一篇的名字，记载了九州的山川、地形、土壤、物产等情况。根据史料推测它的作者是大禹，然而实际上要到战国甚至更晚才成书。

遗憾的是，《禹贡地域图》流传的时间并不长，只比它晚不到四百年的《隋书 · 经籍志》就没有记载它。

《禹贡地域图》是目前所知的中国第一部历史地图集，展现了上到大禹、下到西晋的疆域和政区沿革。

它很可能不光按时期分幅，也按主题分幅：涵盖了山脉、海洋、河流、平原、湖泊、沼泽之类的自然地理要素，也提到了重大历史事件的发生地、水陆交通路线等等。

裴秀的作品不止这一套！

在他之前不久，出现了一幅《天下大图》，据说用了八十匹缣（jiān，双丝的细绢）才画完，虽然壮观但也太笨重了，不管是携带、查阅还是收藏，都非常不方便。

裴秀掌握了缩放技术，在此基础上用“一分为十里，一寸为百里”的比例尺（大致相当于1:1800000），绘制了《地形方丈图》，也就是说这幅地图只有一丈见方。

它虽然十分“袖珍”，各种地理要素却标得清清楚楚。这么一来，就实用多了。

中国古代的地图为什么容易失传？

裴秀对能看到的地图都不怎么认同，说它们“虽有粗形，皆不精审，不可依据”，里面还有不少乱七八糟的内容，“不合事实，于意无取”。

要这么吐槽放马滩和马王堆出土的地图，就太委屈它们了！

可以推测，跟它们一样的高水平地图没能保存到裴秀那时候。他自己的《禹贡地域图》在隋朝也只剩下残卷。

原因有哪些？

如果单纯是文字，用竹简之类抄抄就没问题，成本不高。但如果是地图的话，就必须画在又昂贵又脆弱的绢帛上，麻烦得多。

在古代，“上知天文下知地理”其实是非常危险的事情！

天文可以用来占星，预测帝王将相的命运，所以“私习天文”经常会和图谋不轨画上等号；地图也同军国大事息息相关，而且大规模测绘所需的费用不是个人承担得起的。所以，这两类知识基本被官方垄断，没多少群众基础。

幸好幸好，裴秀给《禹贡地域图》写的序在《晋书·裴秀传》里保存了下来。
这篇文章第一次明确建立了中国古代地图的绘制理论：“制图六体”。
它们是绘制地图时必须考虑的六个要素——

一是分率（比例尺），用来反映面积大小。

二是准望（方位），可以确定不同地点的位置关系。

三是道里（路程），体现的是两地之间道路的长短。

四是高下（相对高程），可以确定地面上某个点到选定的标准点的垂直距离。

五是方邪（坡度），用来表示地表陡缓的程度。

六是迂（yū）直（实地起伏和图上距离的换算），可以更加准确地体现两地之间的通行时间。

也有学者把后三个要素解释成以高取下、以方取斜、以弯取直。

前三个要素是通用的，而后三个需要因地制宜，毕竟人行距离和水平直线距离不是一回事，这两个数字都对了，才能画出好用的地图。

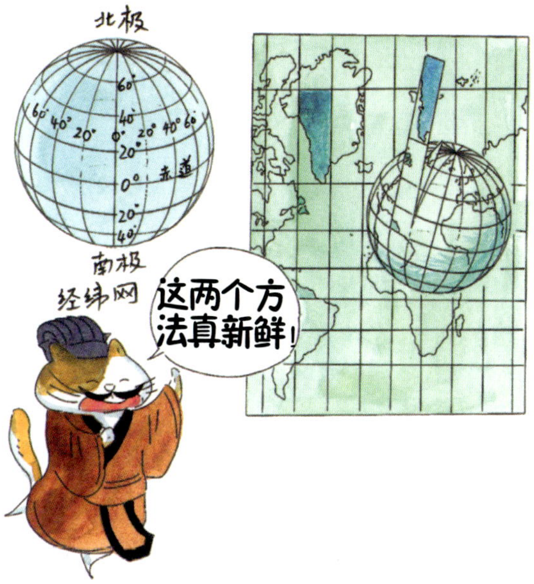

除经纬线和地图投影外，现代制图学必须考虑的主要问题，裴秀几乎都提到了。

在他之前，制图学虽说已经积累了相当丰富的实践经验，然而并没有系统性的理论概括和指导。

明末清初欧洲地图测绘技术传入之前，中国的地图一直是按照这“六体”画的，裴秀也被誉为“中国科学制图学之父”。

为什么中西制图方法不一样？

有学者分析说，地图是在实用基础上发展起来的。

中国强调农业，政府编制地图是为了土地分配、交通水利、用兵打仗，所以偏重较大比例尺的政区图之类。

生活在地中海一带的古人强调商贸和对外扩张，所以偏重大范围、小比例尺的航海图，必须测量经纬度、研究地图投影。

写游记出名的人，按理说都很喜欢出去玩？

北魏末年的郦道元却是个反例！

他“少无寻山之趣，长违问津之性（长大以后也违背了探求知识的本性）”，总是宅着，不爱旅游。后来为了写好《水经注》，才利用朝廷派他去各地当官的机会，“访渎（dú，河川的意思）搜渠”。

郦道元读了很多和地理有关的古书，比如说《山海经》《尚书·禹贡》《周礼·职方》《汉书·地理志》。他发现，这些典籍都有缺憾，不够周密。

把自己看到的情况跟古书一对照，他意识到，地理总是在变化的！

城镇兴衰、河道变迁、人群搬迁、地名改了又改……要是不及时把这些记下来，后世就很难弄明白，到底发生过什么。

所以，他选了《水经》当底本，给它作注，拿江河当线索，不光讲地理，还将流域内的历史、经济、政治、文化、风土人情、古迹也“一网打尽”。

《水经》是中国第一部描述水系的专著，学者推测它成书于东汉到西晋时期，不确定作者是谁，只有一万来字，记载了137条河流。

《水经注》其实是“旧瓶装新酒”！它把河流增补到1252条，篇幅相当于原书的20倍。按清末学者王先谦的说法，它的原则是“因水以证地，即地以存古（通过水名来考证地名，根据地名来印证古迹）”。

郦道元是个“官N代”，从曾祖开始，就替北魏效力。

他字善长，继承了父亲的永宁侯爵位，照惯例降为伯。他担任过冀州镇东府长史、东荆州刺史、河南尹、安南将军兼御史中尉等等职务，都不算太小。

郦道元能带兵也能管行政，风格一直相当“严猛”，让大家敬畏。盗贼听说他来当官了，就赶紧往外逃，免得被逮到没好果子吃。

郦道元敢做事，连皇亲国戚都不怕，自然得罪了许多权贵。那些人想方设法陷害他，怂恿朝廷派他去很可能要造反的雍州刺史萧宝夤（yín）的地盘上视察。

郦道元来到现在陕西临潼附近的阴盘驿亭，果然被萧宝夤的人马包围了。

驿亭在山岗上，找不到水源，形势非常危急。郦道元指挥手下挖井十余丈，照样没用。

缺水怎么打仗？三国时马谡（sù）就是这样丢掉战略要地街亭的，诸葛亮的北伐也跟着功败垂成。

郦道元坚持了一段时间，最终没能拦住翻墙进来的叛军。他瞪大眼睛厉声呵斥那些人，到死都没有屈服，享年约 59 岁，弟弟和长子、次子也同时被杀害。

他还有《本志》《七聘》等著作，可惜都失传了，只留下四十卷《水经注》。

《水经注》是中国 6 世纪的一部地理“百科全书”，时间上自先秦到南北朝，空间上大体是西汉的疆域（特别是他生活的北方），不过也提到了现在印度、中南半岛和朝鲜半岛的一些地点。

1300 多年过去，洋务运动领导者之一的薛福成还表扬《水经注》：“征引宏富，文章家之资粮也；沿革明晰，考据家之津筏（比喻达到目的的门径）也。而其有关于水利，有裨（bì，益处）于农政，实经济家疆理天下之书也”。

历史地理学家侯仁之曾经靠《水经注》复原了北京周围的古代水利工程，分析了毛乌素沙漠的历史变迁。今天我们要是想研究古代的气候、河湖和海岸线、城市规划、资源利用等等，也离不开它。

《水经注》不光内容扎实，文笔也特别漂亮。晚明才子张岱就对它推崇有加：“古人记山水，太上郦道元，其次柳子厚（柳宗元），近则袁中郎（袁宏道）”。

清朝著名学者沈德潜也赞叹，郦道元能“读万卷书，行尽天下山水路”。在他看来，这本书太有必要了，所以“天地间不可无一”；又太精彩了，没人敢狗尾续貂，所以“不容有二”。

郦道元为什么能写出这么厉害的书？

诀窍可不少……

他会去实地考察，掌握一手资料。

汉乐府里有一句“饮马长城窟”，郦道元起初觉得不大对劲，经过白道岭（内蒙古自治区呼和浩特市北郊坝口子村）时，发现“沿路惟土穴，出泉，挹（yì，舀）之不穷”（沿途只有土洞，泉水从土洞中涌出，取之不尽），才表示“跋涉斯途，远怀古事，始知信矣，非虚言也”（在这条路上跋涉，追怀古代的事迹，才相信那些记载的确属实，并非虚言）。

郦道元胆子真够大的！什么都吓不住他。

卷十七《渭水》里说，渭水上游成纪县（今甘肃省天水市）有个僵人峡，“路侧岩上有死人僵尸峦穴，故岫（xiù，山洞）壑取名焉。释鞍（下马的意思）就穴直上，可百余仞（rèn，大致相当于汉制七尺，也就说，一仞略多于1.6米），石路逶迤（wēi yí，蜿蜒曲折的样子），劣通单步，僵尸倚窟，枯骨尚全，唯无肤发而已。访其川居之士，云其乡中父老作童儿时，已闻其长（zhǎng）旧传此，当是数百年骸矣”。

他发现的可能是古人类化石，没准儿远不止数百年。

卷三十八《涟水》里还提到了湖南湘乡一带的鱼化石，不过未必是他亲眼所见：“石鱼山，下多玄石……石色黑而理若云母，开发一重，辄有鱼形，鳞鳍（lín qí）首尾宛若刻画，长数寸，鱼形备足，烧之作鱼膏腥，因以名之”。

“作鱼膏腥”看似荒唐，却也有科学解释。或许是由于化石沉睡在油页岩地层当中，所以能烧出怪味。

他会向各种人求教，如擅长讲古的老爷子、肚里有点墨水的乡绅或道士，甚至外国使节，好弄清楚自己感兴趣的问题。

郦道元喜欢把民间歌谣写进去，有些是他亲耳听到的，也有些是自其他书里摘抄的，让文章活泼灵动了不少，比如说很出名的卷三十四《江水》里这一段：

江水又东经黄牛山（位于现在的湖北宜昌），下有滩，名曰“黄牛滩”。南岸重岭叠起，最外高崖间有石，色如人负刀牵牛，人黑牛黄……此岩既高，加以江湍（tuān）纡（yū，曲折环绕）回，虽途经信宿（连住两夜），犹望见此物。故行者谣曰：“朝发黄牛，暮宿黄牛，三朝三暮，黄牛如故”（三个早晨行在黄牛峡，三个晚上还在黄牛峡打转）。

他会认认真真收集资料，这可能比亲自“下田野”还管用。

《水经注》引用了近500种文献，包括正史、方志、杂记、诗赋等等，还有300多种金石碑刻，可以说“集六朝地志之大成”。

这些文献大多已经散佚，要是没有郦道元，我们今天就一丁点都看不到了。

更难得的是，他会仔细分析、比对资料，看哪条最靠谱，跟破案似的，而不是捡到什么就用什么。“考校群书”“诊诸史传”之类的话，《水经注》里有好多处。

历史地理学家谭其骧（xiāng）说，《水经注》的主要贡献在于“郦道元纂集了大量的前人地理著作，而不是根据他自己亲见亲闻所记下来的那一小部分”。

语文课本里那篇《三峡》，我们都挺熟悉。可是，它的“著作权”并不归郦道元！
南朝宋盛弘之《荆州记》里就有非常类似的内容，只差几个字，比《水经注》要早 80 年左右。
不过，《荆州记》这一段前面加了两个字“旧云”，也就是说，同样不是盛弘之自己写的，源头可能更早。
古人的观念和现在不一样，“抄袭”的帽子不好随便扣。但是，咱们引用别人文章必须标明出处，不然就违规了！

当时国家没有统一，南北朝对峙，“敌占区”郦道元当然去不了。所以，《水经注》里关于北方的内容更多也更准确，关于南方的就有不少差错。

郦道元也意识到了，常常坦率承认“莫详其实（实际情况搞不清楚）”“非所知也（我不知道具体怎么回事）”，并不会死要面子。

《水经注》的地理学成就不光是郦道元自己的，还代表了之前一个相当长的历史时期。

他干的活儿其实是构建新的地理体系：跟玩积木似的，按水道分布将查到的各类资料一一放到合适的位置上。

这看起来简单，实际上却千难万难。江河不是只有干流，枝枝杈杈的，源头在哪里也未必能搞清楚，不同文献当中对它们的称呼更是一团乱麻。

郦道元不光自己理顺了，还能叫别人一读就明白，这本事不服不行。

而且，他写这本书的动机简单到不像话——空闲时间实在太多，担心白白浪费了，想给自己找点事做，没料到摊子越铺越大。所以，抢别人功劳的事他想必没兴趣，用不着额外“贴金”，《水经注》已经足够了不起。

“丝绸之路”是东西方文明交汇之路。它分成陆上丝绸之路和海上丝绸之路，是一张巨大的贸易网络，遍及亚欧大陆，甚至将北非和东非也囊括在内。

在“丝绸之路”上流动的，不光是商品和旅人，还有技术和文化。

大唐西域记

唐僧的故事，大家都不陌生。他和孙悟空、猪八戒、沙和尚三个徒弟，加上白龙马，历经九九八十一难，无数次差点被妖怪吃掉，才修成正果，取回了真经。

其实，历史上的唐僧比《西游记》里的那个勇敢多了！

没有神通广大的徒弟保护，他一个人坚定地走完了 5 万里取经之路，用了快 20 年。

西行求法的时候，他经过了 110 个国家，还听说了关于 28 个国家的传闻。回到长安以后，他把这些国家的大小、地理状况、都城、王侯将相、语言文字、风俗、经济等等都记了下来，编成一本共 12 卷的书：《大唐西域记》。

这幅肖像据说是唐僧的，它收藏在日本，画的可能是一位密教行脚僧，并不是唐僧本人。唐僧到底长什么样子，现在还是个谜。

唐僧本名陈祎（yī），洛州缑（gōu）氏（现在属于河南偃师）人，出生于隋文帝开皇二十年（600 年）或仁寿二年（602 年）。

他还不到十岁，父母就都去世了。由于家境贫寒，他跟着哥哥到了洛阳净土寺，学习佛经，十三岁时剃度出家，法名玄奘（zàng）。

他立志“远绍如来，近光遗法”，意思是，远的来说，完整地继承释迦牟尼的思想；近的来说，将已有佛法发扬光大，普度众生。

他用自己的一生，去印证了这八个字。

玄奘非常认真刻苦，悟性又高，很快就崭露头角，让大家刮目相看。

他托钵（bō，化缘的意思）云游天下，请教了很多高僧，可是越来越迷茫——佛经里的疑难问题很多，那些高僧对它们的解释也不一样，经常吵架，谁都劝不服谁。

玄奘立志找到真正的答案。所以，他想去佛教的发源地印度，搜集佛经的各种版本，向那里的高僧学习，和他们讨论。

他给朝廷上表，申请西行求法，却没有得到批准。为什么呢？

当时唐朝建立没多久，根基不稳，北方的突厥相当强盛，边防形势紧张。玄奘的必经之路陇右（大致相当于现在甘肃六盘山以西、黄河以东一带）有不少军事防御设施，因此“禁约百姓，不许出蕃”。

玄奘只能留在长安，一边学习梵文（古印度的语言），一边等待机会。

唐太宗贞观元年（627年，也有说法是贞观三年），发生了自然灾害，朝廷只好下令，允许百姓去别处混口饭吃。玄奘悄悄躲在难民当中，离开长安，先后到了秦州（今甘肃省天水市）、兰州、凉州（现在的甘肃省武威市）。

《西游记》里的唐僧被封为“御弟”，皇帝也亲自给他送行，场面非常隆重。

然而实际上，玄奘是偷渡出关的，没有“过所”（护照），根本不敢大摇大摆走官道，变成了被通缉的“逃犯”。

就算没有妖怪，一路上玄奘也面临着无数生死考验。

他的弟子后来写了一本《大慈恩寺三藏法师传》，里面提到，莫贺延碛（现在新疆、甘肃交界处的哈顺沙漠）“长八百里，古曰沙河，目无飞鸟，下无走兽。夜则妖魑（chī）举火，灿若繁星；昼则劣风拥沙，散如时雨。”（形容自然环境极其恶劣）

玄奘不光迷了路，还不小心打翻了水囊，“四夜五日无一滴沾喉，口腹干焦，几将殒（yǔn）绝。不能复进，遂卧沙中”。

可是他下定决心，“宁可就西而死，岂归东而生？”幸好幸好，识途的老马带着他找到了水草，化险为夷。

历经千辛万苦，玄奘终于进入印度，来到那烂陀寺（位于现在的比哈尔邦，靠近古摩揭陀国首都王舍城，是当时的佛教中心），跟随高僧戒贤学习五年，系统掌握了《瑜伽师地论》等经典佛教著作。

他还在印度游历了一大圈，几乎走遍了著名的佛教圣地。

“印度”之所以叫这个名字，就是因为玄奘！

汉武帝在位时，张骞通西域，自大夏（现在的阿富汗北部兴都库什山和阿姆河上游之间）商人那里听说了印度，当时的名字是“身毒”，后来又出现了“天竺”“贤豆”“信度”之类的翻法。

玄奘主张，它的梵文是“Sindhu”，意思是“月亮”，译成“印度”更合适，一直沿用到今天。

当时印度邦国林立，盟主是戒日王。他崇信大乘佛教，亲自担任那烂陀寺的护法。然而，信仰小乘佛教、婆罗门教等的人也很多，谁都不服谁。

于是，戒日王在首都曲女城（现在印度北方邦的坎诺吉）举行法会，通过辩论一决高下。来参加的有18位国王、3000多位大小乘僧侣、2000多位婆罗门教徒和“外道”、1000多位那烂陀寺僧侣，个个博学多才，舌灿莲花。

玄奘被推为论主，法会的辩论主题就是他写的《制恶见论》。他按照辩论的惯例声明，谁都可以来反驳，假如《制恶见论》有一字不妥，就可以砍他的头，向大家谢罪。

整整18天，没有一个人能有理有据地提出异议。不少人被玄奘的智慧折服了，当场改信大乘佛教。

玄奘成了印度僧侣共同景仰的大师，大乘佛教徒称颂他为“大乘天”，小乘佛教徒称颂他为“解脱天”，声名远扬。

佛教经典分成经、律、论三类，总称“三藏”。玄奘经、律、论都精通，所以被尊称为“三藏法师”或“唐三藏”，这非常了不起。

不管是王公还是百姓，大家都想挽留玄奘，让他在印度弘扬佛法。不过，他还是坚持原先的志向，带着搜集到的 657 部佛经、珍贵的佛像、奇花异果的种子等，返回唐朝。

贞观十八年，他抵达于阗（tián，现在的新疆和田一带），急不可待地给唐太宗上表，请求宽恕之前的“偷渡”之罪。唐太宗非常高兴，回信说“可即速来，与朕相见”。

第二年正月，玄奘回到长安。唐太宗那时候在洛阳，于是派宰相房玄龄举行了隆重的欢迎大会。街上全是对他顶礼膜拜的百姓，挤得水泄不通。

唐太宗后来召见了玄奘，聊得相当投机，希望他还俗当官，辅佐自己，玄奘谢绝了。

唐太宗为什么这样看重玄奘？

可不是由于信佛！李唐皇室认老子（李耳）为祖宗，更推崇道教。

贞观四年，唐朝出兵，灭亡了东突厥。不过，西突厥还控制着西域，是唐太宗的一块心病。要想保持“丝绸之路”上商旅往来畅通，就没法对西突厥放着不管。

召见玄奘时，他问的也都是西域的物产、风土人情等等，玄奘对答如流。

玄奘虽然身在红尘之外，对人情世故却非常明白。他相信，“不依国主，则法事不立”，所以尽量配合唐太宗的要求。

玄奘用了一年时间，由他口述、弟子辩机执笔，完成了《大唐西域记》，里面都是他的亲身经历，所以格外真实生动，也是靠谱的情报。

在和西域、中亚、南亚打交道时，朝廷都会参考这本书。

《大唐西域记》里记载了一路上的自然地理状况，比如大雪山：

“此（凌山）则葱岭北原，水多东流矣。山谷积雪，春夏合冻，虽时消泮（pàn，融化），寻复结冰。经途险阻，寒风惨烈，多暴龙，难凌犯。行人由此路者，不得赭（zhě，红褐色）衣持瓠（hù，葫芦）大声叫唤。微有违犯，灾祸目睹。暴风奋发，飞沙雨石，遇者丧没，难以全生。”

“葱岭”就是帕米尔高原。“凌山”指的是木扎尔特冰川，又叫木素尔达坂，在蒙语里的意思是“白冰川”。它位于新疆伊犁和阿克苏之间的夏塔古道上，地势险要，一年四季都有冰层崩裂，危机四伏。光看这几行字就能想象出来，玄奘经过时有多艰难、多提心吊胆。

玄奘对各国的社会文化状况也相当留心，比如印度的种姓制度：

“一曰婆罗门，净行也，守道居贞，洁白其操。二曰刹帝利，王种也，奕世（累代）君临，仁恕为志。三曰吠奢，商贾也，贸迁有无，逐利远近。四曰戍陀罗，农人也，肆力畴陇，勤身稼穑（sè，收割谷物）。”

现在通常把后两个等级翻译成吠舍、首陀罗。

种姓制度有3000多年的历史，最早是外来的雅利安人（皮肤比较白）征服了土著达罗毗荼（ pí tú ）人（皮肤比较黑），为了方便统治，就把所有人明确分成了两个等级。慢慢地，种姓制度越来越复杂、森严。一个人属于什么种姓，要看出身、血缘，它决定了生活的方方面面，包括社会地位和能选择的职业。

1947年印度独立以后，废除了种姓制度，不过它的影响到今天依然根深蒂固。

《大唐西域记》和《西游记》当真一点儿关系也没有吗？

《大唐西域记》可能是《西游记》的灵感来源，提供了一些原型，虽然已经被改得几乎认不出来了。

根据史料记载，玄奘进入印度以后，坐船沿着恒河往东走，没想到遇上了强盗。他们信奉突伽（就是印度教的雪山女神），每年夏末秋初要选一个相貌堂堂的人，用血肉祭祀。

玄奘仪表不凡，强盗一眼就挑中了他。同行的人哀求强盗放过他，甚至愿意代替他当供品，可是强盗不答应。

周围哭声一片，玄奘却临危不惧，专心端坐诵经。这时正好“黑风四起，折树飞沙，河流涌浪，船舫漂覆”，强盗都吓坏了，对玄奘毕恭毕敬，将兵器之类丢进河里、抢来的财物还给原主，“金盆洗手”了。

玄奘经过的那些国家，大致相当于现在的吉尔吉斯斯坦、哈萨克斯坦、乌兹别克斯坦、阿富汗、伊朗、巴基斯坦、印度、尼泊尔、孟加拉国、斯里兰卡等等。

印度人没那么重视史书，本地流传下来的古代文献非常稀少，要了解许多人物和事件，都得靠外国旅行者的记载。

《大唐西域记》算得上最翔实、最全面的史料之一。研究印度古代史、佛教史的话，不参考这本书，研究就很难进行下去。

大菩提寺位于比哈尔邦，是非常著名的旅游景点。它屡经战火，早就被毁坏了，现在的样子是根据玄奘的描述修缮而成的，连装饰图案、建筑材料都认认真真照着《大唐西域记》来。

重要历史遗迹王舍城、那烂陀寺都是根据《大唐西域记》找到的，说它是考古工作者的“藏宝图”也不为过。

玄奘的另一大贡献是翻译带回来的佛经。他之所以西行求法，就是因为辗转翻译以后，佛经越来越难懂，不看原文就弄不清楚。

19 年里，玄奘总共翻译了 75 部佛经，共 1335 卷。

这不光是他的功劳，其实有一套完整的流程！

翻译所需财物都由朝廷供给，房玄龄还发文征召全国所有寺院里通晓梵文的高僧来长安给玄奘当帮手，经过严格筛选，团队里几乎个个都是“大神”。

佛经是在“译场”里被翻译成中文的。玄奘担任“译主”，也就是总负责人。

其他人各有任务，比如说检查原文有没有错误、审核中文和梵语是不是同一个意思、删掉冗长重复的字句、用高声念经的调子把新译出来的内容朗诵一遍……

集体分工协作，效率高，质量也好。

为了翻译佛经，玄奘可以说是呕心沥血。他每天给自己定下任务，如果白天忙，耽误了进度，夜里一定要补上，经常三更休息，五更就起来，只能睡四个钟头。

他提出了一个翻译原则：“既须求真，又须喻俗”。也就是说，既要忠实于原文，还要通俗易懂，不能过分深奥。

近代翻译家提出了“信达雅”三条标准，“信”与“达”的意思就和“求真”与“喻俗”差不多。

唐高宗麟德元年（664 年），玄奘积劳成疾，在玉华寺（位于现在的陕西铜川，之前是皇室的避暑离宫）去世，举国悲悼。

鲁迅在《中国人失掉自信力了吗》里说：“我们从古以来，就有埋头苦干的人，有拼命硬干的人，有为民请命的人，有舍身求法的人……这就是中国的脊梁。”

“舍身求法的人”里就包括玄奘，为了理想，他拒绝了无数诱惑，“虽九死其犹未悔”。

古代人出远门探险，是为什么呢?

有人承担着出使别国之类的政治任务，比如说明朝永乐到宣德年间，郑和带领庞大的“宝船”队，七下西洋。

有人想要做生意赚钱，比如说海陆两条“丝绸之路”上来来往往的商队。

有人一心传播自己信仰的宗教，比如说唐朝高僧鉴真为了弘扬佛法，在 60 多岁时东渡日本，历经千辛万苦，失败了 5 次才成功。

然而有人不一样！更“傻”，为的是更理想主义的东西。

他就是徐霞客——讨厌仕途，不求名利，一生以考察大好河山为己任。

徐霞客本名弘祖，字振之，“霞客”是他的别号。

明神宗万历十四年（1587 年），他出生在江阴（现在属于江苏），家境相当富裕，父祖都是读书人。

他少年时就“特好奇书，侈（chǐ）博览古今史籍及舆地志（地理书的意思）、山海图经以及一切冲举高蹈之迹（超凡脱俗的事迹）”，经常把这些压在“四书五经”下偷看，神游到千里之外，非常向往。

掌握的知识越多，他就越真切地感觉到，之前的地理书很多是互相抄来抄去，光靠它们，根本搞不清山川的真面目。

所以他立志亲自去看一看，不迷信已有的记载，把书本知识和实地考察结合起来。

万历三十三年，徐霞客的父亲去世了。他担心母亲王氏，她却通情达理、拿得起放得下，积极鼓励他出去看看，还给他缝制了一顶“远游冠”。踏上旅途时，徐霞客就戴着它。

自 20 岁游览太湖开始，到 54 岁生着病从云南回家，他几乎一直在路上，行踪遍及现在的江苏、浙江、安徽、江西、福建、广东、山东、河南、河北、山西、陕西、湖北、湖南、广西、贵州、云南 16 个省区，可能还去过四川。

从青年到中年，由于惦记母亲，徐霞客每次出游时间都不长，去的也基本是没那么荒僻的名山大川。

天启四年（1624 年），由于母亲已经 80 岁了，徐霞客打算停止出游，专心侍奉高堂。不过王氏为了表示对他的支持，主动提出要儿子陪她一起游山玩水，虽说去的地方都离家不远。

第二年（1625 年），她去世了，徐霞客非常悲痛，守孝三年。

崇祯九年（1636 年），徐霞客就要 50 岁了。他觉得老病将至，不抓紧时间就来不及了，于是开始了悲壮的西南“万里遐征”，重点游览广西、贵州、云南。

崇祯十三年正月，徐霞客身体出了问题，“两足俱废、心力交瘁”。丽江木氏土司和他交好，派人护送他回到江阴。

崇祯十四年，徐霞客在家中去世。临终前，他还惦记着自己的考察成果，“惟置怪石于榻前，摩挲（suō）相对”。

卧病时，徐霞客对来探望他的人说：“张骞凿空，未睹昆仑；唐玄奘、元耶律楚材衔人主之命，乃得西游。吾以老布衣，孤筇（qióng，竹杖）双屦（jù，麻或葛做的鞋子），穷河沙，上昆仑，历西域，题名绝国，与三人而为四，死不恨矣。”当然，徐霞客之所以有条件这么做，也是因为家境殷实，明代的普通老百姓就算向往“诗与远方”，也会日日困于柴米油盐。

清朝学者潘耒（lěi）总结说，徐霞客出游时“登不必有径，荒榛密箐（qìng，竹木丛生的山谷），无不穿也；涉不必有津（渡口），冲湍恶泷（lóng，急流），无不绝（横渡）也。峰极危者，必跃而踞其巅；洞极邃者，必猿挂蛇行（像猿和蛇一样动作的意思），穷其旁出之窦（dòu，孔穴）。途穷不忧，行误不悔。瞑则寝树石之间，饥则啖（dàn，吃）草木之实，不避风雨，不惮虎狼，不计程期，不求伴侣。以性灵游，以躯命游。亘古以来，一人而已。”（描述了徐霞客在旅行中的坚韧和勇敢）

徐霞客满心都是旅行和研究，将个人安危置之度外。

崇祯十年二月，他在湘江上被打劫了，“群盗喊杀入舟，火炬刀剑交丛而下”。他仓皇跳水，才没有受伤，却被冻得瑟瑟发抖，衣服没剩下几件完整的，带出来的财物、书信也丢了个精光。

哪怕狼狈到这种地步，徐霞客依然不打退堂鼓。他向朋友借了一点盘缠，节衣缩食，继续往西走。

六月在广西融县真仙岩，他“搜览诸碑于巨石间，而梯为石滑，与之俱坠，眉膝皆损焉”（在巨石之间搜寻各种碑文时，因为搭梯子的石头太滑，人和梯子一起掉了下去，眉毛那里和膝盖都受了伤）。

摔伤以后，他暂时在真仙岩里休息，可是惦记着“昨晚所捶山谷碑犹在石间，未上墨渖（shěn，墨汁的意思），恐为日烁（晒坏了）”，于是咬牙坚持着“攀崖拓之”。这种不屈不挠的意志，让我们由衷佩服。

对徐霞客来说，“蔬米俱尽，而囊无一文”“卧处与猪畜同秽”“与牛圈为邻”都是家常便饭。

更难能可贵的是，不管白天跋山涉水有多累、晚上住宿条件有多差，他都会振作精神，点起油灯或松脂枯柴，把当天的经历和收获记下来。

他留下了60多万字的资料，由后人整理成《徐霞客游记》，包括游览天台山、雁宕山、黄山、庐山、嵩山、九鲤湖、恒山、五台山等等的日记以及《闽游日记》《浙游日记》《江右游日记》《楚游日记》《粤西游日记》《黔游日记》《滇游日记》……

主编《中国科学技术史》的英国学者李约瑟说：“他的游记读来并不像是17世纪的学者所写的东西，倒像是一位20世纪的野外勘测家所写的考察记录。”

徐霞客一向“不信邪”，哪怕是再大的权威说的，只要错了，他就敢指出来。

到了新地方，他常常会借阅那里的方志和地图，一方面能让自己了解背景，在参观时更会“看门道”，另一方面也能用实地考察得来的最新资料，订正前人的错误。

《禹贡》里说“岷山导江”，意思是长江的源头在岷山，后来大家也都觉得确实如此。

然而，徐霞客产生了怀疑。他“北历三秦，南极五岭，西出石门、金沙”，通过勘测发现金沙江要比岷江长1000多里，应当是长江的正源，岷江不过是支流。只是金沙江流经“荒蛮”的西南地区，交通没有岷江便利，所以得不到足够的重视。

现在我们知道，沱沱河是长江正源，金沙江是干流。岷江尽管流经富饶的成都平原，“存在感”强得多，也只是支流。

金沙江和岷江示意图

徐霞客在地理学上最突出的成就之一，是对岩溶地貌的研究。

岩溶地貌又叫喀斯特地貌，名字的来源是亚德里亚海北部沿岸的喀斯特高原，那里分布着千奇百怪的石灰岩。

水对主要成分是碳酸钙的岩石进行溶蚀、冲蚀、潜蚀等作用，就形成了峰林、溶洞、天生桥、落水洞、钟乳石、石笋、石柱、地下河……非常瑰丽，鬼斧神工。

西南各省能看到大片大片的岩溶地貌，比如说我们熟悉的桂林山水、九寨沟、路南石林、武隆天坑地缝。

《徐霞客游记》里提到了 280 多个石灰岩溶洞，他亲自进去考察的有 250 多个。

路南石林

武隆天坑

桂林山水

九寨沟

《徐霞客游记》的一大特点是文笔活灵活现，很有画面感。我们翻开书，就像被上面的“魔法”带着，真到了那些景点。

比如对桂林七星岩里的钟乳石，他是这样描绘的——

“其中有弄球之狮、卷鼻之象、长颈盎（àng，一种小口大肚子的盆，倒扣过来像驼峰）背之骆驼；有土冢（zhǒng，坟墓）之祭，则猪鬣（liè，脖子上的鬃毛，代指猪头）鹅掌，罗列于前；有罗汉之燕（通“宴”），则金盏银台，排列于下。其高处有山神，长尺许，飞坐悬崖；其深处有佛像，仅七寸，端居半壁菩萨之侧。禅榻一龛（kān），正可趺跏（fū jiā，双足交叠）而坐；观音座之前，法藏（礼佛用的，是圆筒形，拿在手里可以转动）一轮，若欲圆转而行。”

弄球之狮

卷鼻之象

土冢

菩萨

然而，徐霞客不光是看热闹！

他是世界上第一个系统描述和分析岩溶地貌的人。18 世纪以后，西方学者才注意到石灰岩地貌，进行研究要等 19 世纪以后了。

他已经察觉到了某些岩溶地貌的成因，强调流水侵蚀和溶蚀。比如说，湖南茶陵以西有九十九井，他考察以后“始知是山下皆石骨玲珑，上透一窍，辄（于是、就）水捣成井”。

而且，徐霞客没有停留在就事论事的层面上，重视比较和总结。他发现，广西大多是石山，云南大多是土山，贵州介于这两者之间。

在此之前的地理学著作，通常只是纯客观描述“是什么”。徐霞客的不同凡响之处在于问出了“为什么”，同时尽力去寻找答案，走向了规律性的探讨。

清朝中后期，徐霞客却被遗忘了。直到 20 世纪，中国地质事业的奠基人之一丁文江才“再发现”了徐霞客。

在丁文江看来，徐霞客的“真精神”是纯粹的为了知识，不恭维皇帝也不恭维佛爷。

而且，当时外国人经常说中国学者不能吃苦，丁文江校勘和编订《徐霞客游记》，也是“要借一个好模范，来勉励一般青年去做艰难的工作”。

明朝就有人说，《徐霞客游记》是“千古奇书”，然而只是欣赏文笔的精妙、内容的新鲜，忽略了最珍贵的东西，算不上徐霞客的“知己”。

丁文江被誉为“20 世纪的徐霞客”，长年累月投身实地考察，在古生物学、地理学、地图学等领域取得了巨大成就。

参考文献

[1] 金秋鹏 . 中国科学技术史：人物卷 [M]. 北京：科学出版社，1998.
[2] 江晓原 . 中国古代技术文化 [M]. 北京：中华书局，2017.
[3] 江晓原 . 中国科技通史：医学、算学、博物学 [M]. 南宁：接力出版社，2019.
[4] 闻人军 . 考工司南：中国古代科技名物论集 [M]. 上海：上海古籍出版社，2017.
[5] 骈宇骞，李解民，盛冬铃 . 武经七书（插图版）[M]. 北京：中华书局，2020.
[6] 戚继光 . 纪效新书 [M]. 北京：中华书局，2017.
[7] 李硕 . 南北战争三百年：中国 4—6 世纪的军事与政权 [M]. 上海：上海人民出版社，2018.
[8] 马伯英 . 中国医学文化史 [M]. 上海：上海人民出版社，2010.
[9] 于赓哲 . 唐代疾病、医疗史初探 [M]. 北京：中国社会科学出版社，2011.
[10] 袁珂 . 山海经校注（最终修订本）[M]. 北京：北京联合出版公司，2022.
[11] 刘宗迪 . 失落的天书：《山海经》与古代华夏世界观 [M]. 北京：商务印书馆，2006.
[12] 段成式 . 酉阳杂俎 [M]. 上海：上海古籍出版社，2012.
[13] 洪迈 . 夷坚志 [M]. 北京：中华书局，2006.
[14] 玄奘，辩机 . 大唐西域记校注 [M]. 北京：中华书局，2000.

地理卷

徐霞客

名弘祖，字振之，明代地理学家、旅行家、探险家、文学家。

玄奘

本名陈祎，汉传佛教唯识宗创始人，《西游记》唐僧原型。

郦道元

字善长，南北朝时期北魏地理学家、文学家、政治家、教育家。

裴秀

字季彦，魏晋时期地图学家。

ISBN 978-7-5471-3008-7

定价：199.00元

征战卷

喵懂中国典籍

羽知 Yu Zhi

星球地图出版社
STAR MAP PRESS
国家一级出版社
全国百佳图书出版单位

喵懂中国典籍

征战卷

文字撰写　王宸　叶金辔
编　　制　星球地图出版社

星球地图出版社
STAR MAP PRESS
国 家 一 级 出 版 社
全国百佳图书出版单位

图书在版编目（CIP）数据

喵懂中国典籍．征战卷 / 王宸，叶金깟撰．-- 北京：星球地图出版社，2025．-- ISBN 978－7－5471－3008－7

Ⅰ．Z422-49

中国国家版本馆 CIP 数据核字第 20245KR256 号

责任编辑 张　越 高　帅
图书编辑 高　帅
排版设计 樊羽菲 高　芳
文字撰写 王　宸 叶金喾
封面设计 王　静
插画绘制 谢步平 王少波 程建新 支少卿 潘艺晶 周　磊
出版审订 郝　刚 左　伟

喵懂中国典籍（征战卷）

出版发行 星球地图出版社
地址邮编 北京市海淀区北三环中路 69 号 100088
网　　址 www.starmap.com.cn
印　　刷 北京印刷集团有限责任公司
经　　销 新华书店
开　　本 285 毫米 ×285 毫米 12 开
版　　次 2025 年 3 月第 1 版
印　　次 2025 年 3 月第 1 次印刷
定　　价 199.00 元（全 7 卷）

联系电话：010-82028269（发行）、010-62272347（编辑）

目录

“百战百胜，非善之善者也；不战而屈人之兵，善之善者也。”

“善战者，立于不败之地，而不失（没有掌握住）敌之败也。”

“投之亡地然后存，陷之死地然后生。”

这几句话，大家以前可能都听过，不光在战场，在日常生活中也用得上。它们的出处，都是《孙子兵法》。

《孙子兵法》是世界上现存最早的军事书，作者是春秋晚期的孙武。

孙武字长卿，是齐国人，不过到了吴国才大放光彩。《孙子兵法》正是他给吴王阖闾（hé lǘ）的“见面礼”。

根据《史记》记载，阖闾看完书以后，想知道孙武有没有真本事，就选出了180名宫中美女，让他当成士兵来训练。

孙武将她们分成两队，叫吴王的两个爱妃领头，说明了简单的规则——向前、向后、向左、向右。

然而，她们完全不拿孙武当回事，用鼓声给出指令以后，照样笑个不停。

孙武重复了好几遍，没有半点效果。于是他宣布：“没把军纪讲清楚，是将领的过错；已经讲清楚了却不听，就是队长的过错了。”下令将吴王的两个爱妃斩首。

阖闾在台上看着，大惊失色，赶紧派人给孙武传话：“您善于用兵，寡人已经知道了！要是没有这两个爱妃，寡人连饭都吃不香，请放她们一马。”

可孙武说：“将在军，君命有所不受。”坚持杀掉了队长，让另两个美女补上。

“杀猴给鸡看”果然管用，剩下的人再也没胆子玩闹，规规矩矩地照指令办，一声不敢出，很快就有了正规军的样子。

阖闾虽然难过，但还是任命孙武为将。

吴国挥兵向西，击败了强大的楚国，攻入郢（yǐng）都，打出了赫赫威名。它能成为南方一霸，离不开孙武的功劳。

然而，在关于春秋时期的重要史书《左传》和《国语》里，都找不到孙武的名字。对他的生平，我们知道的也很少，孙武的结局究竟如何，成了千古之谜。

所以自唐宋起，关于《孙子兵法》的“著作权”就吵个没完。

有学者推测，孙武这个人是虚构的，战国初年的“山林处士（有才学而隐居不做官的人）”写好书以后，挂到了他名下；还有学者猜想，它其实是孙膑（bìn）的兵法。

孙膑比孙武晚一百余年，可能是孙武的后代。

孙膑曾经和庞涓一起学习兵法。庞涓得到魏惠王赏识，当上了将军。

庞涓觉得自己的才能比不上孙膑，相当忌恨，怕他威胁自己的地位，于是暗中派人把孙膑“忽悠”来魏国，陷害他，寻了个罪名将他搞成残废（“膑”就是挖去膝盖骨或砍掉两脚的酷刑）。

齐国使者到大梁（魏国首都）来，孙膑悄悄去拜见。齐国使者一看这是个人物，就偷偷将他带了回去。

齐国将军田忌非常佩服孙膑，以礼相待。

靠着孙膑的策略，田忌在跟齐威王和诸公子赛马时三局两胜，赢得了齐威王拿出来当赌注的大笔金钱，他的策略就是用下等马对付别人的上等马，用上等马对付别人的中等马，用中等马对付别人的下等马。

田忌顺势将孙膑推荐给齐威王。齐威王向他请教兵法后，也非常佩服他。

后来庞涓带兵攻打赵国，赵国向齐国求救，齐威王答应了。

援军的主将是田忌，孙膑给他当军师，坐在辎（zī）车（有帷盖的车）里，出谋划策。

他给田忌出主意，火速奔袭大梁。魏国精锐都在外面，内部空虚，这么一来措手不及，魏国只能退兵，在桂陵（现在的河南长垣附近）被齐军堵了个正着，打得落花流水，庞涓也成了俘虏。成语“围魏救赵”就是这么来的。

齐国暂时不能和魏国撕破脸，所以谈判以后，把庞涓放了回去。
又过了十三年，魏国跟赵国合伙攻打韩国，韩国向齐国求救。
这一次的主将还是田忌，直扑大梁。庞涓听到了消息，连忙带兵往回赶。
孙膑又给田忌出主意，命令齐军进入魏国境内以后设十万个灶，第二天减去五万个，第三天再减去两万个。
庞涓中计了，高兴地说：“我就知道齐军吓破了胆，才几天，已经逃跑了一大半！”于是丢下步兵，只靠轻骑追击齐军。

孙膑估摸着，庞涓天黑时能到马陵（有多种说法，可能是现在的河北大名附近）。那里道路狭窄，两旁有很多险阻，适合埋伏。
他找了棵大树，叫人砍去树皮，在露出的白色木质上写：“庞涓死于此树之下”。然后命令一万名擅长射箭的士兵藏在道路两旁，约好了，看见火光就出手。

庞涓果然钻进了圈套，看到大树上隐隐约约有字，就点火去照。还没读完，箭像飞蝗、像冰雹一样扑来，魏军大乱。
庞涓反应过来上天无路入地无门后，就自刎了，说：“倒成就了这小子的名声！”

司马迁在《报任安书》里说：“孙子膑脚，《兵法》修列”。可惜孙膑的兵法早早失传了，谁都不知道它是什么模样。

等了一千余年，转机终于来到！

1972 年 4 月，山东临沂银雀山汉墓出土了近 5000 枚竹简，里面既有《孙子兵法》，又有《孙膑兵法》。这两部书同时出现，让“悬案”迎刃而解——孙武和孙膑确实是两个人，前者也叫“吴孙子”，后者也叫“齐孙子”。

《孙子兵法》的主要思想是孙武的，然而流传过程中，难免被后人删补和改动。

古时候，大家会用自己心爱的东西随葬。由于线索不够，没法确定墓主人的身份。他一件兵器都不带，却拥有这么多兵书，所以可能是将军的谋士或幕僚，自己的“武力值”未必高。

通过一起出土的钱币等文物可以知道，墓主人是在西汉武帝时期下葬的。不过竹简的抄写年代更早，可能是文帝、景帝时期，甚至秦朝。

《孙子兵法》里讲了什么？

它共有十三篇，战略运筹、战术指挥、军事地理、特殊手段都包括了——

始计（庙算，也就是出兵前比较敌我各方面状况，推测胜负）。

作战（战争动员和准备，“作”是兴起的意思，强调经济因素）。

谋攻（不是一味硬碰硬，靠多种手段让敌军投降）。

军形（决定战争结果的主要是实力，所以要创造对自己有利的条件）。

兵势（怎么根据状况变化出奇制胜）。

虚实（通过分散和集中兵力的灵活战术，搞出我强敌弱的局面）。

军争（争夺战场上的主动权）。

九变（根据不同地形和敌情，从利、害两方面综合考虑，做出不同应对）。

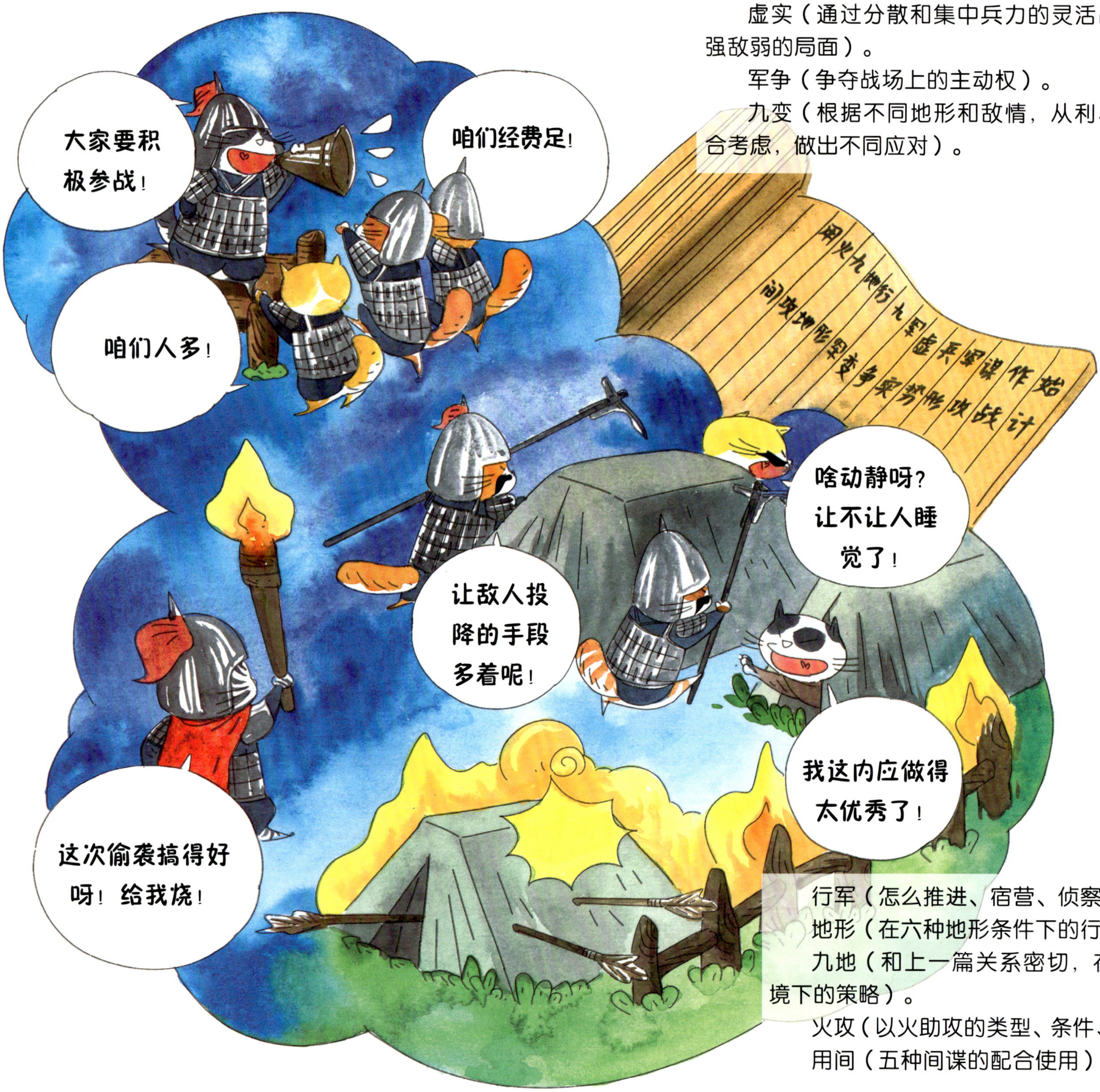

行军（怎么推进、宿营、侦察敌情）。

地形（在六种地形条件下的行动原则）。

九地（和上一篇关系密切，在九种作战环境下的策略）。

火攻（以火助攻的类型、条件、具体方法）。

用间（五种间谍的配合使用）。

孙子曰：“兵者，国之大事，死生之地，存亡之道，不可不察（研究、考察）也。”（战争是国家大事，是国家兴亡的紧要之处，是千万生民存亡的关键，必须认真考察研究）

“故经（分析、衡量）之以五事，校（jiào，比较）之以计而索其情（探索实际情况）：一曰道，二曰天，三曰地，四曰将，五曰法。”

“道者，令民与上（君王）同意（齐心协力）也，故可以与之死，可以与之生，而不畏危。”

“天者，阴阳（昼夜晴雨之类的气象变化）、寒暑、时制（四季更替）也。”

“地者，远近、险易（陡峭还是平坦）、广狭、死生也。”

“将者，智、信、仁、勇、严也。”

“法者，曲制（军队编制）、官道（各级将吏的职责划分和统辖）、主用（掌管军费和物资）也。”

“凡此五者，将莫不闻（了解、听说），知之者胜，不知者不胜。”

胜算最有保证的办法，是人多欺负人少！哪怕整体上不能，也要尽量在选定的战场做到。举个例子，一千人打两千人，通过合理的策略，可以形成一千人先打四百人的局面，得胜后再攻击其他敌军。

用一大堆谋略“以少胜多”，其实是迫不得已，或者有天时地利、兵种克制等充分条件。如果为了刷声望或逞能，故意这么做，就根本不是合格的将领。

“用兵之法，十则围之，五则攻之，倍则分之，敌则能战之，少则能逃之，不若则能避之。故小敌之坚，大敌之擒也。”

也就是说，兵力十倍于敌军，包围它；五倍于敌军，进攻它；两倍于敌军，想办法让它分兵，各个击破；大致相等，打它个出其不意；更少的话先躲开，寻找有利时机。所以弱小的队伍要是硬拼，就会被强大的敌军捕获。

“夫兵形象水，水之形，避高而趋下；兵之形，避实而击虚。水因（顺应）地而制流，兵因敌而制胜。故兵无常势（固定不变的态势），水无常形，能因敌变化而取胜者，谓之神。”

战争是政治的延续，决定胜负的很多因素，其实都在沙场之外。

而且，它非常贵！一旦开打，国库里的钱就哗啦啦往外流，变成铠甲、刀枪、盾牌、弓弩、营帐、军粮、草料、车马……

更麻烦的是，它会吸走劳动力，以后的收成也没保证了，只能“吃老本”，经济可能跟着乱套。

所以孙武说，动武要非常慎重，不能脑子一热就出手。得把最坏的情况都预料到，而且尽量速战速决，免得让整个国家陷入泥潭：

“夫兵久而国利者，未之有也。故不尽知用兵之害者，则不能尽知用兵之利也。”

要是战场比较远，补给线长，一路上的消耗就成了大问题，运粮的人马吃掉的搞不好比送到士兵们手里的还多。所以孙武鼓励“因粮于敌”，就地筹措军需。

“善用兵者，譬如率然。率然者，常山之蛇也。击其首则尾至，击其尾则首至，击其中则首尾俱至。”（因此善于用兵的人，他所指挥的部队就如“率然”一样。“率然”，是常山的一种蛇。当攻击它的头部时，尾部就会过来救应，当攻击它的尾部时，头部就会过来救应，攻击它的腰部，则头尾一齐过来保护）

协同作战的重要性，看上面这句话就知道。“一字长蛇阵”也是古时候常用的队形。

孙武被尊为“兵圣”，历代名将也几乎都熟读《孙子兵法》，能够活学活用、举一反三。

谁整理或评注过《孙子兵法》？名单华丽到吓人——韩信、曹操、杜牧、王阳明、戚继光、李贽（zhì）……

不光中国，《孙子兵法》在海外的“人气”也相当可以！

日本战国名将武田信玄的军旗上就写着“疾如风，徐如林，侵掠如火，不动如山”。这句话出自《孙子兵法》，意思是，军队迅速行动时像骤然扑来的狂风，缓缓推进时像肃穆有序的森林，出击时像燎原烈火，屯兵固守时像不可撼动的山岳。

《三十六计》又是怎么回事？

它共有六套，分别是——

胜战计：瞒天过海、围魏救赵、借刀杀人、以逸待劳、趁火打劫、声东击西。

敌战计：无中生有、暗度陈仓、隔岸观火、笑里藏刀、李代桃僵、顺手牵羊。

攻战计：打草惊蛇、借尸还魂、调虎离山、欲擒故纵、抛砖引玉、擒贼擒王。

混战计：釜底抽薪、浑水摸鱼、金蝉脱壳、关门捉贼、远交近攻、假道伐虢（guó）。

并战计：偷梁换柱、指桑骂槐、假痴不癫、上屋抽梯、树上开花、反客为主。

败战计：美人计、空城计、反间计、苦肉计、连环计、走为上。

它经常和《孙子兵法》“绑定”在一起，但是它的历史却短得多。

“三十六策，走为上计”这种说法，南北朝就有。不过《三十六计》真的成书，要到明清了。

《孙子兵法》偏重哲学层面，更抽象、大气；《三十六计》的源头是它，更具体，也更有操作性。

武经七书

中国最早的“军校”是什么时候创办的？

北宋！

仁宗庆历年间，正式设立武学，然而没多久就停办了，神宗熙宁年间才重新开门。

它教“诸家兵法”，也教“历代用兵成败、前世忠义之节”，文化课跟思想教育都不放松。

元丰三年（1080 年），神宗让国子监司业（最高学府的副长官）朱服、武学博士何去非等人整理兵书。

在当时流行的 340 多部兵书里，他们挑选出 7 部，取名《武经七书》，编校以后由官方刊行，成了武学的教材。

北宋还设立了武举，不光要考弓马，还要考兵书大义和策问，也就是简答，题目出自《武经七书》和边防时务。

那时候大家觉得，将帅最重要的本事不是武艺，而是谋略。能不能及第，取决于卷面成绩，弓马的好坏只能影响名次。

所以想当武进士的话，《武经七书》就非读不可！

《武经七书》里，《孙子兵法》当然排第一！剩下六本又都是谁呢？

《吴子兵法》——

它的作者，据说是战国初期的政治家、军事家吴起。

他和孙武并称“孙吴”，是卫国人，曾在孔门弟子曾参那里学习，后来因为母亲去世以后不回家守孝，被逐出师门。

于是，他弃儒学兵。

没多久，齐国攻打鲁国。鲁穆公想让吴起去对付，然而他妻子是齐国人，鲁穆公放心不下。吴起渴望功名，于是杀掉妻子，证明自己不会偏向齐国。

鲁穆公任命吴起为将，大败齐军，后来却怀疑吴起的人品，将他免职。

吴起又去了魏国，得到魏文侯重用，屡次击败秦国，“拓地千里”，新设了西河郡。

魏武侯继位以后，吴起争夺国相之位，没有成功，失去了信任，只能离开。

吴起最后去了楚国，当上令尹（国相），辅佐楚悼王变法，削弱贵族特权，富国强兵。

他带领楚军南征北战，“南平百越，北并陈、蔡，西伐秦”，威震诸侯。

然而，他的改革措施结结实实得罪了贵族。楚悼王去世以后，他们想杀掉吴起。吴起躲到楚悼王灵前，被射死，箭却也扎到了楚悼王的尸体上。

新即位的楚肃王根据法令，将参与追杀吴起的人全部灭族，一共有七十余家。吴起等于给自己报了仇。

《吴子兵法》里讲了什么？

包括图国、料敌（判断敌情）、治兵、论将、应变、励士（论功行赏）六篇。

（魏）武侯问曰：“愿闻陈（通“阵”）必定、夺必固、战必胜之道。”

（吴）起对曰：“君能使贤者居上，不肖（没有才能、品德不好）者处下，则陈已定矣。民安其田宅，亲其有司（官吏），则守已固矣。百姓皆是吾君而非邻国（认可自己的君王，反对邻国的），则战已胜矣。”

吴子曰："昔之图国家者，必先教百姓而亲万民。
有四不和：不和于国，不可以出军；不和于军，不可以出陈；不和于陈，不可以进战；不和于战，不可以决胜。
是以有道之主，将用其民，先和而造大事。"
也就是说，要是君臣不和谐、军心不齐，仗就打不赢。必须内部团结一致，才有指望成功。

吴子曰："将之所慎者五：一曰理，二曰备，三曰果，四曰戒，五曰约。理者，治众如治寡（带很多兵和带几个兵一样）；备者，出门如见敌（保持高度警惕）；果者，临敌不怀生（舍生忘死）；戒者，虽克如始战（就算打了胜仗，也和初战时一样小心）；约者，法令省而不烦。"

"用兵必须审敌虚实而趋其危（打击薄弱环节）。"

"安国家之道，先戒为宝（最重要的是早早加强防备）。"

《司马法》——

它的作者和成书年代争议很大。

根据《史记》记载，战国时期，齐威王命令大夫追论古代的司马兵法，也将司马穰苴（ráng jū）的阐发附了进去，所以叫这个名字。

“司马”是主掌武事的官员。穰苴姓田，是春秋末年齐国将领，官至大司马。名臣晏子表扬他“文能附众，武能威敌”。

他治军非常严明。齐景公派宠臣庄贾去当监军，穰苴和他约定，第二天中午在营门口集合。

庄贾没当回事，跟亲朋好友喝酒，直到太阳落山了才来。穰苴按照军法，将庄贾斩首，哪怕齐景公下令赦免都没用。

《司马法》里讲了什么？

穰苴精通古代的司马兵法，这本书的重点也是讨论军礼和军法，可惜很多内容都散佚了，只剩下《仁本》《天子之义》《定爵》《严位》《用众》五篇。

“杀人安人（杀人能让更多人获得安宁），杀之可也；攻其国，爱其民，攻之可也；以战止战，虽战可也。”
也就是说，正义的战争值得肯定。
“战道：不违时（不耽误农时），不历民病（不在疾病流行时开战），所以爱吾民也。”
“不加丧，不因凶（不趁对方举丧、碰到灾荒时动武），所以爱夫其民（爱护对方的百姓）也。”
“冬夏不兴师，所以兼爱民（爱护双方的百姓）也。”
“故国虽大，好战必亡；天下虽安，忘战必危。”

“顺天、阜（fù，丰富）财、怿（yì，欢喜）众、利地、右兵，是谓五虑。”
也就是说，打仗要考虑的五件事情是顺应天道、增加财富、让民众高兴、选择有利地形、注重各种兵器的配合使用。

《尉缭子》——

战国时期有两个尉缭，都是魏国人，生平事迹不怎么清楚，据说他们师从鬼谷子。一个是隐士，在公元前 334 年见过魏惠王；而另一个在秦王政十年（公元前 237 年）被任命为国尉。

他们俩相差近百年，所以不见得是同一个人。至于写这本书的是谁，就说不准了，前一个的可能性大点儿。

南宋起就有人怀疑它是伪书，前面提到的银雀山汉墓竹简出土以后，“冤情”才昭雪——其中也包括《尉缭子》，证明最迟在汉初，它就已经流传开来，很可能成书于战国晚期。

《尉缭子》里讲了什么？

保存到今天的有二十四篇。前一小半（《天官》《兵谈》《制谈》《战威》《攻权》《守权》《十二陵》《武议》《将理》《原官》）主要讨论影响战争的各种因素；后一大半（《治本》《战权》《重刑令》《伍制令》《分塞令》《束伍令》《经卒令》《勒卒令》《将令》《踵（zhǒng）军令》《兵教上》《兵教下》《兵令上》《兵令下》）主要讨论怎么加强训练、用严酷的手段让士兵听话。

“兵者，以武为植，以文为种。武为表，文为里。”

也就是说，战争是枝干，政治才是根本。

尉缭还说“战胜于外，备主于内”。经济也不能忽略，民众富足了，吃饱穿暖，打起仗来才有底气，所以要重视农业生产。

“凡兵，不攻无过之城，不杀无罪之人。夫杀人之父兄，利人之货财，臣妾人之子女（把别人的子女当成奴婢），此皆盗也。故兵者，所以诛暴乱、禁不义也。”

“凡兵，有以道（谋略）胜，有以威（威势）胜，有以力（武力）胜。”

“讲武料敌（研究策略、分析敌情），使敌之气（士气）失而师散，虽形全而不为之用，此道胜也。”

“审法制，明赏罚，便器用（改善装备），使民有必战之心，此威胜也。”

“破军杀将，乘闉（yīn，可能指瓮城的门，泛指城楼；也可能指攻城时修筑的土山）发机（弩机，泛指弓箭），溃众夺地，成功乃返，此力胜也。”

《六韬》——

它据说是姜太公的兵法。

姜太公又叫吕尚、姜子牙、师尚父、太公望等等，是西周的开国功臣，辅佐文王、武王灭商，被分封到齐国。这本书就是以他回答文王、武王问题的形式写成的。

然而，它是后人伪托（指假托、假冒）的！里面提到的不少东西，商末周初还没有。

银雀山汉墓竹简当中，有一部分抄录了《六韬》，由此推测它是战国中晚期成书的。

《六韬》里讲了什么？

它有 60 篇，是现存早期兵书当中字数最多的一种，算得上“兵学大全”。

《文韬》和《武韬》主要讲政治战略，《龙韬》主要讲指挥艺术和兵力部署，《虎韬》主要讲在宽阔地带的战术，《豹韬》主要讲面临各种特殊地形（山林川泽）时的战术，《犬韬》主要讲怎么操练士卒、多兵种配合作战。

太公曰：“天下非一人之天下，乃天下之天下也。同（共享）天下之利者，则得天下；擅（独占）天下之利者，则失天下。”

文王问太公曰：“愿闻为（治理）国之大务。欲使主尊人安，为之奈何？”

太公曰：“爱民而已。”

文王曰：“爱民奈何？”

太公曰：“利而无害，成而勿败，生而勿杀，与而勿夺，乐而勿苦，喜而勿怒。”（只做对民众有利的事，不要做对民众有害的事；成全民众，而不要摧残他们；让民众繁荣昌盛，而不要收敛控制他们；想办法给他们好处，而不要侵夺他们；让他们安居乐业，而不要让他们贫苦不堪；让他们欢喜，而不要引发他们的愤怒）

武王问太公曰：“将何以为威？何以为明？何以为禁止而令行？”

太公曰：“将以诛大（大人物）为威，以赏小（小人物）为明，以罚审（周密、慎重）为禁止而令行。”

“故杀一人而三军震者，杀之；赏一人而万人说（通“悦”，高兴）者，赏之。”

“杀贵大，赏贵小。杀及当路（身居要职）贵重之臣，是刑上极也；赏及牛竖（放牛的童仆）、马洗、厩养（照顾马匹的小卒）之徒，是赏下通也。刑上极，赏下通，是将威之所行也。”（将帅通过诛杀地位高贵的人来树立威信，通过奖赏地位低下的人来体现明察，通过审慎而严明的赏罚做到有禁必止，有令必行）

《三略》——
有人说，它同样是姜太公的兵法，“韬略”成了计谋的总称；也有人说，它的作者是秦朝末年的隐士黄石公。
根据《史记·留侯世家》记载，张良在博浪沙刺杀秦始皇失败以后，隐姓埋名，躲到了下邳（pī，现在属于江苏徐州）。
一天，张良在桥上溜达，有个穿着粗布衣裳的老人故意把鞋甩到桥下，叫他捡上来。
张良大吃一惊，想打他，可还是忍住了，照他说的办。
随后，老人又让张良帮他穿鞋。张良想，好事做到底，算了算了。

老人笑着离开了，走出去一里地又回来，说：“你这个孩子可以教导。五天以后大清早，跟我在这里碰面。”
张良到那里时，老人已经在桥上了，很生气，让他再过五天早点来。
鸡一叫，张良就去了。结果老人依然抢在他前面，让他再过五天早点来。

这回张良学聪明了，没到半夜就过去。等了一会儿，老人来了，高兴地说：“这样才对。”然后给了他一卷书，说：“读了它，就可以给帝王当老师了。十三年以后你到济北见我，榖（gǔ）城山下的黄石就是。”

话音刚落，老人就消失了。张良把这卷兵法读得滚瓜烂熟，用学到的东西辅佐汉高祖刘邦，屡立奇功。

这个传说太“玄乎”，不见得靠谱。然而东汉光武帝刘秀也认真钻研过《三略》，还在诏书当中大段引用。所以最晚在西汉末年，《三略》已经成书，当时的名字可能是《黄石公记》。

《三略》里讲了什么？

它跟别的兵书很不一样！吸收了儒、道、法家的长处，专门讨论战略，目的是“明盛衰之源，通成败之端（经过、底细），审治乱之机”。南宋学者戴少望说，《武经七书》当中，《三略》“最通于道，而适于用”。

“能柔能刚，其国弥（更加）光；能弱能强，其国弥彰（兴盛）。纯柔纯弱，其国必削（衰败）；纯刚纯强，其国必亡。”这是不是和《老子》的“柔弱胜刚强”有共通之处？

“夫为国之道，恃（依靠）贤与民。信贤如腹心，使民如四肢，则策无遗（策略就不会有疏漏）。”
“夫将帅者，必与士卒同滋味而共安危，敌乃可加（才可以对敌作战）。”
……
“《军谶（chèn）》曰：‘军井未达（军井还没有挖好），将不言渴；军幕（营帐）未办，将不言倦；军灶未炊，将不言饥。冬不服裘，夏不操扇，雨不张盖（伞盖），是谓将礼。’”
“与之安，与之危，故其众可合而不可离，可用而不可疲；以其恩素蓄（积累），谋素合也。故蓄恩不倦，以一取万（就能赢得千千万万士卒的拥护）。”

《李卫公问对》——

他叫李靖，却不是《封神演义》里的托塔李天王！

李靖本名药师，舅舅是领兵灭陈的隋朝名将韩擒虎。他很欣赏李靖，感叹道：“可与论孙吴之术者，惟斯人矣”。

李靖出名早，真正得到重用，却要等唐朝建立了。他南征北战，才兼文武，出将入相，击灭东突厥、平定吐谷（yù）浑（位于现在的青海一带），受封卫国公。

他还是唐传奇里的“明星”，和红拂、虬髯（rán）客并称“风尘三侠”。

这本书也是问答体，记录了唐太宗和李靖关于用兵的对谈，“著作权”却是一笔糊涂账。

它到了北宋才出现，某些细节跟史实有矛盾，李靖为人也更加谨慎温厚，不大可能这么张狂地点评同事。

然而，这本书里的“真材实料”还挺多！作者无论是谁，都相当熟悉李靖的事迹，呈现的未必不是他的想法。

《李卫公问对》里讲了什么？

兵法“千章万句，不出乎致人而不致于人而已”（强调了在战争中掌握主动权的重要性，即通过各种策略和手段引导敌人，使其处于不利的位置，从而确保自己的胜利）。

也就是说，关键在于掌握主动权。

用兵要奇正（由《易经》中的阴阳变化之理、古代兵家各种对立关系相互转化的思想推演而成）结合：

“动口”（在政治上声讨敌人）是正，“动手”（武力解决）是奇。

公开出兵是正，让敌人猝不及防是奇。

主攻或主要防御方向是正，助攻或次要防御方向是奇。

……

奇正不是固定的，临阵可以相互转化，所以“循环无穷”。

比如说，“敌实则我必以正，敌虚则我必以奇”；“兵散则以合为奇，合则以散为奇”。

“善用兵者，无不正，无不奇，使敌莫测。故正亦胜，奇亦胜。”

“凡将正而无奇，则守将也；奇而无正，则斗将也；奇正皆得，国之辅也。”

《老子》说“以正治国，以奇用兵”；《孙子兵法》也说“凡战者，以正合，以奇胜”。在它们的基础上，《李卫公问对》又进了一步。

我们又不打仗，学兵法有什么用？

不是让你去“纸上谈兵”，更不是去搞“厚黑学（是描述人际关系和政治策略的哲学思想，核心理念是“厚”即脸皮厚，坚韧不拔；“黑”即心黑，为达目的不择手段）”坑人（但是可以防止被坑）！

生意人和管理者喜欢读兵法，是想学习怎么领导人数多、分工复杂、需要严明纪律和协调一致的组织——在这点上，企业和军队挺类似。

某种意义上，古人和我们是两个“物种”，很多想法不一样。

知道了古人是怎么思考的，看历史（特别是军事史）时才能理解他们为何会那么做。

虽然时间地点人物都不一样，兵法当中的不少道理却是通用的。掌握点儿，没准就能帮上忙：比如看国际新闻、体育项目，甚至打游戏……

最要紧的是，兵法能让你放平心态，更着眼于大局，把日子过得更明白也更开阔。

宋朝人为什么喜欢编兵书？

缺什么补什么——内忧外患，武力值又不强。北方的一些边疆地区就算打下了，守起来也是亏本买卖，所以特别没有安全感。

武经总要

北宋的几个“邻居”都挺犀利，像辽国、西夏。

之前，后晋的石敬瑭（táng）把“燕云十六州”（现在的北京，还有天津、河北和山西北部）割让给辽国，中原失去了抵御北方游牧民族南下的天然屏障，防守起来很麻烦。

出产良马的西北地区不归北宋控制，练不出过硬的骑兵。

更重要的是，太祖赵匡胤（yìn）就是“陈桥兵变”起家的，所以不信任将帅，想方设法限制他们，重文轻武，自然会影响战斗力。

既然骑射比不过人家，不靠谋略跟“黑科技”，还有什么好办法……

朝廷希望通过兵书，“量产”靠谱的指挥官，参考答案都写在上面了，照着来就不至于出大格。

除了前面聊过的《武经七书》，仁宗庆历年间还组织了一个书局（写作班子），“采古今兵法及本朝计谋方略”，花四五年整理出了《武经总要》。

总领书局的是翰林学士承旨（皇帝的秘书）丁度，不过他其实只负责监修，实际主持编书的是天章阁侍讲、集贤校理曾公亮。

曾公亮字明仲，号乐正，泉州晋江（现在属于福建）人。

他少年时就很有抱负，性格“方厚庄重，沉深周密”，本来可以靠父亲的恩荫当官，却拒绝了，誓要自己考进士。

天圣二年（1024 年），他中了第五名，到会稽（现在的浙江绍兴）当知县。那里的镜湖总会泛滥，淹没农田。曾公亮修建了水利工程“斗门”，让水排进曹娥江，就不闹灾了，百姓很高兴。

后来他进京了，先后在仁宗、英宗、神宗手下“打工”，一直当到同中书门下平章事（宰相），八十岁时去世，谥号“宣靖”。

《武经总要》是中国第一部官修兵书，共有 40 卷，信息量空前巨大。

它分成前后两集——

前集主要讲治理军队和作战的基本理论、制度、常识，像选将、部队编制、教育训练、行军宿营、各种阵法、通信侦察、城邑攻防、武器装备、赏罚条例、卫生勤务等等，还提到了边境各路或州的方位四至、地理沿革、山川、要道、关隘、兵力配置。

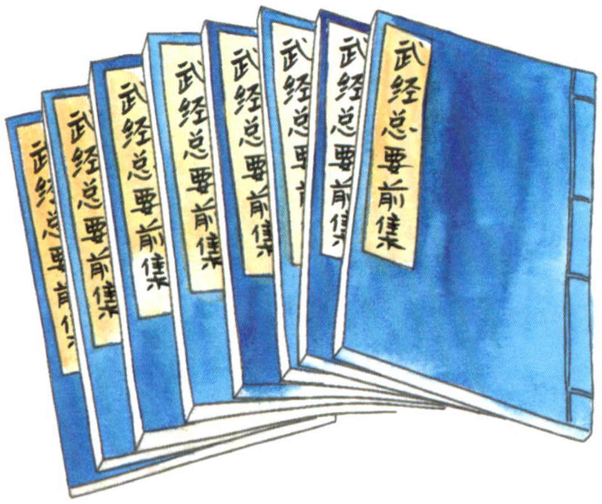

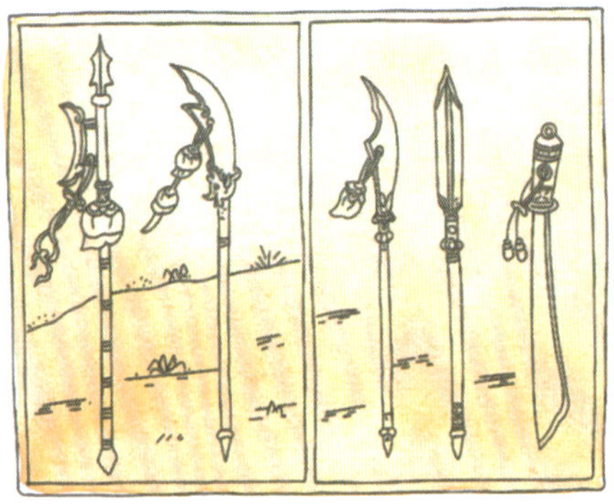

后集主要分类介绍古今战例，总结比较得失，还有关于“兵阴阳”（注意“天时地利”，靠望气、占星、遁甲之类法术求胜）的内容。

它最大的亮点，在前集卷十到卷十三当中——

把各种长短兵器、远射兵器和防御武器“一网打尽”，构造、原理、性能、用法都讲得清清楚楚，还配了好多插图。

我们熟悉的“四大发明”，《武经总要》里就介绍了两种。

一种是“指南鱼”——

“以薄铁叶剪裁，长二寸，阔五分，首尾锐如鱼形，置炭火中烧之，候通赤（整个都红了），以铁钤（通‘钳’）钤鱼首出火，以尾正对子位（正北），蘸水盆中，没尾数分则止。以密器（密封的盒子）收之。用时置水碗于无风处，平放鱼在水面，令浮，其首常南向午（正南）也。”

以现代物理学知识分析，这就是利用强大的地磁场，来让铁片磁化。

磁铁被加热到“居里点”（770℃），由于内部原子的剧烈热运动，磁畴（磁性材料内部一个个包含许多原子的小区域，磁矩都排列整齐）被打乱了，磁性会消失。

又冷却到“居里点”以下，位于南北方向时，磁畴就会顺着地磁场重新排列。淬（cuì）火会将这种规则的磁畴固定下来，于是铁片获得了一定的磁性。

做一条“指南鱼”还挺复杂的，四十余年后，沈括在《梦溪笔谈》里也讲到要怎么做指南针，就省事多了。

另一种是火药——

中国人发明的是黑火药，由硫黄、硝石、木炭混合而成，与近代欧洲常用的黄火药（像硝化淀粉、硝化甘油、TNT，又称炸药，化学本质是三硝基甲苯）不是一回事。

黑火药是炼丹术士误打误撞出来的，最晚在 9 世纪末已经诞生。

硫黄、砒霜之类毒性猛烈的金石药不能直接拿去炼丹吃，术士往往会先把它们烧灼一下，好消解或降低毒性，变得不那么容易挥发，这种工艺叫“伏火”。

隋唐时期，“药王”孙思邈等人的“伏火”方子都会用到硫黄、硝石、含碳物质（可能是皂角，也可能是马兜铃），碰巧把这“铁三角”集齐了。

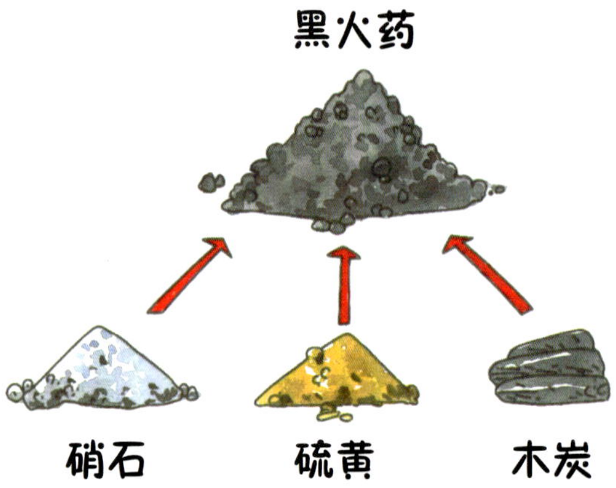

所以，“伏火”是高危操作，一不小心就会爆炸，哪怕没有孙悟空，也能掀了炼丹炉！

唐朝末年，黑火药开始进入实战，不过用的药料是天然品，没经过提炼，里面杂质不少，分量也不标准。

到了北宋，军事工业规模比以前大多了，组织也严密多了。

天圣元年，朝廷在都城汴梁设置了“火药作”，归“广备攻城作”管理。各地的优秀工匠都集中到这些军器作坊里，互相交流经验，技术越来越成熟。

《武经总要》里，记录了三个火药配方（这都是非常危险的东西，非专业人员千万不要自行操作哦）——

火炮：晋州硫黄十四两，窝黄七两，焰硝二斤半（四十两），麻茹、干漆、砒黄、定粉、竹茹、黄丹各一两，黄蜡半两，清油一分，桐油半两，松脂十四两，浓油一分。

毒药烟球：硫黄十五两，焰硝三十两，草乌头、巴豆、狼毒、炭末各五两，桐油、小油、沥青各二两半，砒霜二两，黄蜡一两，竹茹、麻茹各一两一分，等等。

蒺藜（jí lí）火球：硫黄一斤四两，焰硝二斤半，炭末五两，沥青、干漆、桐油、小油、蜡各二两半，竹茹、麻茹各一两一分，等等。

它们是世界上最早的用于军事的火药配方。然而，这些火药的爆炸性能还不突出，主要靠燃烧，跟传统火攻思路差不多。

当时的火器主要有两大类——

火箭类，在箭头处附上火药包，点燃以后，用弓弩射到敌军阵地上。

火球类，用硫、硝、炭拌上别的药料，做成球心，还可以把铁蒺藜、碎瓷片塞进去，增加杀伤力。多裹几层纸或布，封好，在外面涂上沥青、松脂、黄蜡之类的可燃性防潮剂。作战时，点燃引信或拿烧红的锥子把它烙透，再靠人力或投石机甩到敌军阵地上。

除“铁三角”以外的药料，大多是刷附加属性用的：草乌头、巴豆、狼毒、砒霜都有毒，能让敌军口鼻流血；桐油之类能制造烟雾，遮挡视线……

顺道提一句，古书上的“炮”通常是投石机！

它最晚在春秋时期已经出现了，利用杠杆原理，抛出石弹。

《武经总要》里说，重型的“炮”不方便挪动，适合守城；轻型的可以装上车轮，野战也用得上。

朝廷下旨编《武经总要》，一方面是为了提高将帅素质，另一方面是为了纠正立国以来的种种弊病。

皇上觉得，将帅不学无术，对士兵的训练也不严格，实在不是个事儿。有这么一部包罗万象的兵书就好办了，看完，该会的都会了。

宋军战斗力不行的一大原因是，仗越打越呆板。太宗甚至会遥控指挥，事先把“阵图”颁给将帅，让他们照着排兵布阵。前线局势瞬息万变，这样不出乱子才怪！

所以，《武经总要》强调“兵贵知变”，头脑灵活点儿，对古今阵法要“或因（沿用）或革（改变）”，怎么方便、合适就怎么来。

然而，曾公亮他们毕竟不是军人，“阵法战具”之类讲得越细，临阵反倒越束手束脚。关于少数民族政权、边防地理的内容也大多是道听途说，差错不少。

不过，它是个挺齐全的“资料包”！后世研究军事史、科技史，都离不开《武经总要》。

纪效新书与练兵实纪

说到古时候打仗，脑子里第一时间会浮现出怎样的画面？

是不是跟《三国演义》里差不多——

两军对阵，各出一员虎将，刀来枪往，大战几十甚至几百回合，终于分出输赢。

输的那位被活捉，或者落马，丢了性命；而赢的那位趁势号令大军掩杀过去，把对面冲得七零八落。

实际上真的这么简单吗？

当然不可能！要是光靠将领“单挑”决胜负，还辛辛苦苦带那么多兵干嘛？

别提评书和影视剧了，仗到底该怎么打，连史书上都是大片大片的“留白”。

为什么大家对这都没概念？

一方面，文人“纸上谈兵”的多，不怎么关注阵列长度和宽度，各种武器用法之类的细节。

另一方面，乱世那些经验丰富的将领不少是“大老粗”，没法把自己的心得记录下来。

我们前面介绍的那些兵法，也都比较“玄乎”，主要讲放之四海而皆准的规律，查不到太多具体操作。然而，这篇的主角戚继光是个例外！看了他的书，就大体能明白冷兵器战争是怎么回事。

戚继光字元敬，号南塘、孟诸，祖籍定远（现在属于安徽）。

他出身将门，祖上追随明太祖南征北战，被授予明威将军的爵位，世袭登州卫（现在的山东蓬莱）指挥佥（qiān）事。

他父亲戚景通很有才能，一直升到都指挥使、神机营（火器部队）副将。

在父亲的言传身教下，戚继光很喜欢读书，所以后来才能成为“儒将”。

嘉靖二十五年（1546年），他正式担任登州卫指挥佥事，负责管理屯田。

在一本兵书的空白处，戚继光写下了这样的诗句：“封侯非我意，但愿海波平”。

那时候可不太平！朝廷面临着两个大麻烦——东南沿海的倭寇和北边的蒙古各部，总来抢东西。而官军的装备、训练、士气都很不好，只能眼睁睁看着他们杀人放火、祸害百姓。

倭寇是怎么回事？

日本商人和浪人（失业武士）抱团，变成海盗，四处劫掠、走私。有些中国人（特别是中小海商）也跟着掺和，当“带路党”。

嘉靖三十四年到四十五年，戚继光一直在抗倭前线，转战浙江、福建、广东，带着自己练出来的“戚家军”打了一连串胜仗，最终肃清了坏事干尽的倭寇，让百姓重新过上安稳日子。

隆庆元年（1567 年），戚继光被调往北方，领到了新任务——抵御蒙古各部，保卫京城。

他不光严格练兵，还大规模整修了边防工事。我们现在看到的山海关、司马台、金山岭等长城，都是他“升级”过的。敌军只要敢上门，就会被“戚家军”撵得鸡飞狗跳。

戚继光驻守的十六年里，边塞消停了不少。他离开以后，继任者按这套规矩办，也可以“数十年无事”。

戚继光能够大显身手，离不开头号重臣张居正的信任和支持。他和张居正的私交也很不错，送了许多珍贵礼物和美女。所以有人批评戚继光，说他的品行不如另一位抗倭名将俞大猷（yóu）。

万历十一年（1583 年），张居正病逝以后被清算，抄了家。戚继光没了后台，也被牵连，调到千里之外的广东当总兵官。

万历十二年（1584 年），戚继光遭到弹劾，干脆回了老家，没多久就贫病交加、郁郁而终，享年六十岁，遗产“惟集书数千卷而已”。

根据剿倭经验，戚继光写了十八卷《纪效新书》，镇守长城时又写了《练兵实纪》。在广东期间，他整合这两本书，编成了十四卷《纪效新书》。

戚继光的书，破了好几个流传很广的“洗脑包”！

要是让你组建一支队伍，会挑什么样的士兵……

武艺好的？个头高大的？有力气的？机灵的？

戚继光说，都不对！

跟武侠小说里完全不一样，真正的作战队列很密集，根本没有飞来蹦去、耍刀弄枪的空间。而且，打仗最要紧的是万众一心、配合熟练，个人英雄主义要不得，单打独斗时的那些“花活”根本没有用武之地。

个头再高大、再有力气、再机灵，如果胆量不够，临阵反倒会误事——或者吓呆了，拖累别人；或者聪明过头，先琢磨退路，动摇军心。

不会武艺没什么，可以现学。然而要是性格不合适，比如说油滑、懦弱，越有本事，危害就可能越严重。

应该挑的，是“乡野老实之人”。他们肯吃苦，没太多心眼，就算反应慢一点，也能把教的东西真正听进去。

戚继光书里的不少内容，是给新兵宣讲用的，相当于“思政课”，所以就是大白话，特别实在。

“凡武艺，不是答应官府的公事，是你来当兵，防身立功，杀贼救命……若不学武艺，是不要性命的呆子。况吃着官银两，又有赏赐，又有刑罚，比那费了家私、请着教师学武艺的便宜多少？”

“凡你们当兵之日，虽刮风下雨，袖手高坐，也少不得你一日三分。这银分毫都是官府征派你地方百姓办纳来的，你在家哪个不是耕种的百姓，你肯思量在家种田时办纳的苦楚艰难，即当思量今日食银容易，又不用你耕种担作，养了一年，不过望你一二阵杀胜。你不肯杀贼保障他，养你何用？就是军法漏网，天也假手于人杀你。”

练兵的整个过程，戚继光写得清清楚楚：

先选出士兵，将他们编成一支支队伍，根据个人特点发给武器（相当于规定了他们在战斗小组里的角色），然后循序渐进——锻炼胆气，熟悉号令和军规，学会武艺和宿营、行军、列阵的各种技巧。

纪律严明、屡战屡胜的“戚家军”，就是这么一点点打磨出来的。

“凡比较武艺，务要俱照示学习实敌本事，直可对搏打者，不许仍学习花枪等法，徒支虚架，以图人前美观。”

“各色器技营阵，杀人的勾当，岂是好看的！”

“凡平时习战，人必重甲，荷（hè，背负）以重物，勉强加之，庶（希望、但愿）临战身轻，进退自速。”

“凡平时各兵须学趋跑，一气跑得一里，不气喘才好。如古人足囊以沙，渐渐加之，临敌去沙，自然轻便。”

阵法，指的是战术队形。

《孙膑兵法》里就提到了十种阵法：方阵、圆阵、疏阵、数阵、锥行之阵、雁行之阵、钩行之阵、玄襄之阵、火阵、水阵。

《李卫公问对》里也介绍了六花阵。它是在诸葛亮八阵图的基础上创立的，“大阵包小阵，大营包小营”，互相衔接，“外画之方，内环之圆”。

不过在后世的小说里，阵法越来越“怪力乱神”。比如说《水浒传》里的“九宫八卦阵”——

南边红甲红马，大旗上绣朱雀；北边黑甲黑马，大旗上绣玄武；东边青甲青马，大旗上绣苍龙；西边白甲白马，大旗上绣白虎。而中间打着杏黄旗，东南、东北、西南、西北边的大旗上，也绣着对应的巽（xùn）、艮（gèn）、坤、乾卦。

在大破敌军的“混天象阵”时，发挥作用的不光是将领的武力值，“相生相克”也很要紧：用象征金的白甲军去打木星，用象征水的黑甲军去打火星……

这已经接近巫术，和正儿八经作战关系不大了。

在戚继光看来，阵法当然不是这些装神弄鬼的东西，也不是花哨的大型团体操表演！

它的本质是通过各兵种协调配合，实现整体兵力的优化配置，而不是一窝蜂上去打群架。哪怕其中的小卒武艺都不算高，只要执行好自己的任务，就能达到“1+1+1+1+1>10”的效果，再厉害的大侠陷进去，也会被收拾得一点儿脾气都没有。

而且，阵法是会动的，不是摆开了就行！

阵势一开始通常锋芒未露，看不出到底想干什么，兵力也比较平均，然而能很快集结到足以决定胜负的点上。

赢下来的关键在于，在对抗中因地制宜，顺利完成调整、亮出獠牙，同时压制敌军，让他们没法变阵或维持阵型，也就实现不了战术意图。

戚继光发明或普及了好几种新军械，在此基础上“对症下药”，长短兵器配合，用阵法灵活克制敌军。

鸳鸯阵是在东南沿海打倭寇时用的。

它每队有 12 个人，左右对称，所以叫这个名字。

最前面是队长，还有长牌手和藤牌手，他们俩的职责是遮挡敌军的枪箭，掩护后队。藤牌手还配有标枪、腰刀，可以近战。

然后是两个狼筅（xiǎn）手。这种兵器是戚继光花心思推广的，把结实的大毛竹削尖，四周锋利的枝枝杈杈也都留下，不光可以直接往前刺，还可以遮蔽己方、干扰敌军，给队友争取出手的时间和空间。

接下来的四个长枪手，是消灭倭寇的主力，可以穿过缝隙进攻。

再是两个镗钯（tǎng pá，长柄的三股铁叉）手，负责警戒和支援，镗钯的横股还可以当火箭的发射架子。

最后面是伙夫，不直接参加战斗。

鸳鸯阵之所以能所向披靡，主要靠长期训练养成的默契，各种兵器互相“补漏”，几乎找不到破绽，让倭寇不管用的是长枪还是利刃，都近不了身，只能被动挨打。

戚继光非常重视军事技术、装备的改进和应用。要是不能在这方面胜过敌军，就等于白白让士兵送死。

到北方以后，对手换了，根据新情况，他又调整了打法——

组建车营。重车自带挡板，一辆辆用钩环连接起来，等于在大漠上凭空建起了城，足以拦住蒙古骑兵；轻车是机动部队，可以更灵活地出击。

不光接着使藤牌、镗钯，还配备了一大批新式火器，像鸟铳（chòng）和佛朗机（指葡萄牙人）炮，杀伤力远远超过敌军的弓箭，足以打垮大规模冲锋。

组建专门的骑兵营、步兵营，跟车营协同作战，发挥各自的优势，能进攻也能防守。还设立辎（zī）重营，用大车拉着粮草跟上，部队的“续航”能力就强多了。

十四卷《纪效新书》最后，讨论的是“练将”。

戚继光说得清清楚楚：“必练将为重，而练兵次之……练将譬如治本，本乱而末治者，未之有也”。

也是，兵熊熊一个，将熊熊一窝。我们前面介绍的那些兵法也强调将领的作用，和练兵的关系却没点得这么透。

明朝人称赞说，戚继光“智勇绝伦”，是“近代名将第一”。

在他看来，将领最重要的品德是“正心术”，其次是“立志向”，还有“做好人”“坚操守”“勤职业”“习武艺”“严节制”“忌刚愎（bì，固执不听劝）”“戒逢迎”……总之，时时刻刻都不能放松对自己的要求。

名将哪是容易当的？一边要广读经史、兵法各类典籍，一边要在实战中不断学习，百炼成钢。

参考文献

[1] 金秋鹏．中国科学技术史：人物卷 [M]. 北京：科学出版社，1998.
[2] 江晓原．中国古代技术文化 [M]. 北京：中华书局，2017.
[3] 江晓原．中国科技通史：医学、算学、博物学 [M]. 南宁：接力出版社，2019.
[4] 闻人军．考工司南：中国古代科技名物论集 [M]. 上海：上海古籍出版社，2017.
[5] 骈宇骞，李解民，盛冬铃．武经七书（插图版）[M]. 北京：中华书局，2020.
[6] 戚继光．纪效新书 [M]. 北京：中华书局，2017.
[7] 李硕．南北战争三百年：中国 4—6 世纪的军事与政权 [M]. 上海：上海人民出版社，2018.
[8] 马伯英．中国医学文化史 [M]. 上海：上海人民出版社，2010.
[9] 于赓哲．唐代疾病、医疗史初探 [M]. 北京：中国社会科学出版社，2011.
[10] 袁珂．山海经校注（最终修订本）[M]. 北京：北京联合出版公司，2022.
[11] 刘宗迪．失落的天书：《山海经》与古代华夏世界观 [M]. 北京：商务印书馆，2006.
[12] 段成式．酉阳杂俎 [M]. 上海：上海古籍出版社，2012.
[13] 洪迈．夷坚志 [M]. 北京：中华书局，2006.
[14] 玄奘，辩机．大唐西域记校注 [M]. 北京：中华书局，2000.